民事诉讼规范与实证研究丛书

比较法视角下第三人撤销之诉研究

刘君博 ◎ 著

厦门大学出版社 国家一级出版社
XIAMEN UNIVERSITY PRESS 全国百佳图书出版单位

图书在版编目（CIP）数据

比较法视角下第三人撤销之诉研究 / 刘君博著. --
厦门 ：厦门大学出版社，2022.11
ISBN 978-7-5615-8749-2

Ⅰ. ①比… Ⅱ. ①刘… Ⅲ. ①民事诉讼法—研究—中国 Ⅳ. ①D925.104

中国版本图书馆CIP数据核字(2022)第183081号

出 版 人 郑文礼
责任编辑 李 宁 郑晓曦

出版发行 厦门大学出版社
社 址 厦门市软件园二期望海路 39 号
邮政编码 361008
总 机 0592-2181111 0592-2181406(传真)
营销中心 0592-2184458 0592-2181365
网 址 http://www.xmupress.com
邮 箱 xmup@xmupress.com
印 刷 厦门兴立通印刷设计有限公司

开本 720 mm×1 000 mm 1/16
印张 11.5
字数 182 千字
版次 2022 年 11 月第 1 版
印次 2022 年 11 月第 1 次印刷
定价 65.00 元

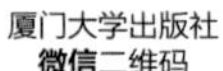

厦门大学出版社
微信二维码

厦门大学出版社
微博二维码

目　录

引 论

一、研究的缘起

2012 年修订的《民事诉讼法》正式确立了我国的“第三人撤销之诉”程序。在比较法上，第三人撤销之诉的制度设计主要以法国和我国台湾地区为代表，但仅在法律条文的位置和内容表述上，2012 年修订的《民事诉讼法》所确立的第三人撤销之诉就与上述国家和地区存在较大差别。最终，立法机关以在已有的有独立请求权和无独立请求权第三人参加诉讼制度之后增加一款的形式确立的第三人撤销之诉程序还是引起了民事诉讼法学界和司法实务界的广泛关注和热烈争论。按照全国人大常委会法制工作委员会在立法理由中所作的阐释，在司法实践中当事人通过恶意诉讼等手段侵害他人权益的情况时有发生；特别是在法院加强调解工作后，一些当事人利用调解进行诉讼欺诈，损害第三人合法权益的现象日益突出。而原有的第三人参加诉讼和执行异议制度对第三人权益的保护仍然不够充分，因此，增加第三人撤销之诉是为了对受到侵害而未能参加诉讼且案件也未能进入执行程序的第三人给予的救济。[1] 从立法原意上分析，遏制虚假诉讼等现象并保护第三人的合法权益是本次修法增设这一新制度的主要立法目的。一方面，从立法论的视角出发，遏制虚假诉讼行为是否必须引入第三人撤销之诉程序？应当以何种方式确立第三人撤销之诉？这些疑问均需要进一

① 全国人大常委会法制工作委员会民法室编：《〈中华人民共和国民事诉讼法〉条文说明、立法理由及相关规定》，北京大学出版社 2012 年版，第 86～87 页。

步予以澄清和回应。另一方面，在立法选择已经成为既定事实的前提下，人民法院应当如何适用第三人撤销之诉(包括适格当事人范围的确定、审查及审理程序的设计等等)？确立第三人撤销之诉后会对原有的第三人参加诉讼制度产生何种影响？第三人撤销之诉与现行执行程序中的执行救济、与案外人申请再审等程序之间的关系应当如何协调？……这些均成为民事诉讼法学界和司法实务界必须直面且亟待解决的问题。

2012 年修订的《民事诉讼法》公布后，即有学者提出第三人撤销之诉程序很难适用于有独立请求权的第三人，对于无独立请求权第三人的适用也极其有限。立法者期待通过第三人撤销之诉遏制恶意诉讼、虚假诉讼等现象的想法也会落空，因为虚假诉讼中的受害人均无法成为现行第三人撤销之诉程序的适格原告。[①] 从回应社会需求的角度出发，更为务实的观点认为第三人撤销之诉程序有其存在的必要性，但在坚持和贯彻“判决效力相对性”原理的前提下，第三人撤销之诉的适用范围会小很多。[②] 从解释适用的角度出发，有学者按照第三人与原当事人之间就系争财产或法律关系有无实质争议将有独立请求权第三人进行分别讨论；再按照案件处理与第三人的法律上的利害关系，将无独立请求权人区分为“权利型”、“义务型”和“权利—义务型”分别展开分析，最后提出对于无独立请求权人提起第三人撤销之诉应该给予更多的限制。[③] 在 2012 年和 2013 年中国民事诉讼法学研究会年会上，也有多篇关于第三人撤销之诉的会议论文，但不同观点分歧之深实难一言以蔽之。此后，虽然学界逐渐形成了促进《民事诉讼法》第 56 条第 3 款规范适用的立场，但不同学者就第三人撤销之诉的适格原告审查仍提

① 陈刚：《第三人撤销判决诉讼的适用范围——兼论虚假诉讼的责任追究途径》，载《人民法院报》2012 年 10 月 31 日第 7 版。

② 张卫平：《第三人撤销判决制度的分析与评估》，载《比较法研究》2012 年第 5 期。

③ 王亚新：《第三人撤销之诉的解释适用》，载《人民法院报》2012 年 9 月 26 日第 7 版。

出了不同的判断标准。①

毋庸置疑，2012 年修订的《民事诉讼法》关于第 56 条第 3 款的立法过程本身略显仓促，民事诉讼法学界和司法实务界对于第三人撤销之诉、案外人申请再审程序的相关理论研究和司法实践经验积累也难谓充分。不过，在最高人民法院于 2015 年开始实施《最高人民法院关于适用〈中华人民共和国民事诉讼法〉的解释》（以下简称《民诉法解释》）以后，各级人民法院受理的第三人撤销之诉案件数量快速增长并呈现向最高人民法院和高级人民法院集中的趋势。② 最高人民法院于 2021 年 3 月发布的第 27 批指导案例中有 6 个案件聚焦第三人撤销之诉的解释和适用问题。可以说，第三人撤销之诉的司法实践及理论研究已经成为我国民事诉讼程序领域最为重要的课题之一。

在完成博士论文之后，笔者仍然持续关注和跟踪第三人撤销之诉司法实务以及理论研究的进展，并希望能够在更为基础性的裁判效力理论层面为其规范适用提供更为坚实的解释论工具。在此意义上，本书对第三人撤销之诉这一议题的持续研究至少具有如下方面的意义或价值。

第一，深化比较法知识的研究，进一步充实和丰富我国民事诉讼法学研究的理论基础和解释论体系。我国民事诉讼法解释学主要以德国、日本等大陆法系国家的民事诉讼制度体系和理论框架为基础，对于法国、我国台湾地区近年来民事诉讼理论和司法实践发展的跟

---

① 相关观点可参见刘君博：《第三人撤销之诉原告适格问题研究——现行规范真的无法适用吗?》，载《中外法学》2014 年第 1 期；吴泽勇：《第三人撤销之诉的原告适格》，载《法学研究》2014 年第 3 期；王亚新：《第三人撤销之诉原告适格的再考察》，载《法学研究》2014 年第 6 期。

② 以“第三人撤销之诉”为关键词在中国裁判文书网上进行检索，2015 年案件数为 2304 件、2016 年案件数为 3974 件、2017 年案件数为 6686 件、2018 年案件数为 7725 件、2019 年案件数为 8811 件、2020 年案件数为 9401 件，其中，最高人民法院受理的案件数就有 1000 余件。

踪和研究仍须进一步深化。同样是基于保护案外第三人利益、遏制虚假诉讼行为的目的，法国和我国台湾地区却采取了与德国、日本差异较大的制度选择——第三人撤销之诉。目前，大陆学界对于上述国家和地区相关立法和制度的研究主要集中在对法律条文本身和部分学者研究成果的“局部式”介绍方面。一方面，对于第三人撤销之诉程序整体的制度设计理念以及与相关配套程序关系的认识和理解还存在一定的误区；另一方面，在具体程序“细部”的研究上也还存在较多模糊和不确定之处。比如，法国法上第三人撤销之诉中的未经他人代理(represente)才具有第三人资格中的“代理”应当如何理解？在本诉请求和附带请求中提起第三人撤销之诉有何区别？对于宣告离婚判决为何不能提起第三人撤销之诉？收养判决为何仅在有欺诈情形下才能提起第三人撤销之诉？……又如台湾地区选择增设第三人撤销之诉程序的理由是否足够充分？在司法实务中第三人撤销之诉的适用范围究竟有多大？针对特定债权人和一般债权人在原告适格上作不同的规定和要求有何意义？第三人撤销之诉与执行程序中第三人异议之诉有无区分的必要？……本书以对第三人撤销之诉的研究为切入点，进一步深化我们对于法国民事诉讼理论和司法实践以及我国台湾地区自2000年以来民事诉讼理论创新及其实务运作情况的认识，进而充实我国民事诉讼法解释学研究的比较法知识和理论基础。

第二，增加法律条文，增强司法解释的可操作性，进而为我国司法实践提供规范性指引。2012年修订的《民事诉讼法》增加第三人撤销之诉的直接目的就是遏制日益增多的虚假诉讼现象，保护第三人的合法权益。然而，部分民事诉讼法学者对能否以第三人撤销之诉实现上述立法目的持否定或怀疑的立场，使得第三人撤销之诉的解释论研究湮没在立法选择是否妥当的讨论之中。我国有独立请求权和无独立请求权第三人参加诉讼制度在审判实务中的操作之乱象已经到了无以复加的程度。在此背景下，立法机关采取将第三人撤销之诉的适格原告与有独立请求权和无独立请求权第三人直接相关联的立法模式，更增

加了发展解释论的难度。但增设第三人撤销之诉也为有独立请求权和无独立请求权第三人参加诉讼制度的完善提供了契机。当然，如何将第三人撤销之诉的适格原告界定在合适的范围内，一方面使之发挥保护第三人合法权益的积极作用，另一方面又要防止其被滥用，冲击生效裁判所确认和形成的法律关系，成为完成第三人撤销之诉解释论必须解决的首要问题。此外，考虑到立法程序在短时间内不会重启的大背景，第三人撤销之诉与案外人申请再审程序、执行救济程序如何有效衔接并实现制度体系和解释论上的一致，也是我国司法实践迫切需要解决的现实问题。因此，本书选择第三人撤销之诉程序作为研究对象，具有强烈的现实主义关怀，希望能够借此研究尝试将民事诉讼法学理论研究与司法实践打通，实现优势互补。

第三，促进我国民事诉讼自有法解释学的发展。我国民事诉讼法的制度渊源既有陕甘宁边区的“马锡五审判”传统，也有继受自苏联、德国、日本等法律传统不尽相同的国家的立法经验和学说理论。对于一个有着 14 亿多人口、960 万平方公里土地，各个地区经济社会发展水平差异较大而又处于变革和发展中的国家而言，任何一项具体的法律制度设计要想能够真正地“落地生根”绝非易事。在社会主义法律体系已经建立的前提下，能否真正地实现法治即在于我们的法学研究和司法实践能否支撑并促进现有的制度安排不断地自我实现并发展完善。在此意义上，本书对于不同国家和地区的立法例以及司法实践进行更为细致的比较法研究、对于涉及第三人(third-party)复杂案件的类型化分析研究，都是为了促进我国民事诉讼法解释学发展，从而为我国民事诉讼制度体系的不断完善和法治建设贡献一份绵薄之力。

二、学术综述

第三人撤销之诉的域外立法例主要以法国和我国台湾地区为代表。[①] 法国确立第三人撤销之诉(tierce opposition)[②]的时间最早,在法国民事诉讼法典颁布之前,1667 年的国王敕令就有类似于第三人异议的救济途径。[③] 我国台湾地区则是 20 世纪 90 年代即开始在台湾司法事务主管部门讨论这一制度,并在 2003 年修订"民事诉讼法"时正式确立了第三人撤销之诉程序。

2003 年以前,我国大陆学界和实务界对第三人撤销之诉的研究并不多,只是在我国台湾地区修订"民事诉讼法"增加了第三人撤销之诉程序后,才有部分学者开始关注并引介法国、我国台湾地区的立法例和学说讨论,并尝试提出建构第三人撤销之诉和案外人申请再审的立法建议。学界对于第三人撤销之诉相关问题的研究可以分为五个阶段。

第一个阶段是从台湾地区修订"民事诉讼法"增加第三人撤销之诉到 2008 年《最高人民法院关于适用〈中华人民共和国民事诉讼法〉审判监督程序若干问题的解释》(以下简称《关于适用审判监督程序的解释》)公布实施。这一阶段学界主要是以比较法考察和立法论探讨为主,引进和介绍法国、我国台湾地区相关的立法成果和学说理论讨论成果,并对建构第三人撤销之诉程序提出一些具体设想。

这一阶段具有代表性的研究成果有:胡军辉、廖永安的《论案外第

---

① 另据部分学者介绍,意大利和我国澳门特别行政区也有类似的立法例,参见廖永安、陈逸飞:《意大利民事诉讼第三人裁判异议之诉初探——兼述对完善我国第三人撤销之诉制度的启示》,载《现代法学》2018 年第 6 期;杨卫国:《案外第三人撤销之诉研究》,海南大学 2015 年博士学位论文。

② 国内关于法国法的译著大多将其译为"第三人异议",出于统一术语和论述方便的需要,本书在介绍法国法相关内容时一律使用"第三人撤销之诉"。

③ 参见姜世明:《概介法国第三人撤销诉讼》,载《台湾本土法学杂志》2005 年总 79(11)期;[法]艾涅斯特·格拉松:《法国民事诉讼程序的起源》,巢志雄译,北京大学出版社 2013 年版,第 144 页。

三人撤销之诉》，胡军辉的《案外第三人撤销之诉的程序建构——以法国和我国台湾地区的经验为参照》，肖建华、杨兵的《论第三人撤销之诉——兼论民事诉讼再审制度的改造》和张志瀚的《第三人撤销之诉制度初探》，等等。其中，胡军辉的《案外第三人撤销之诉的程序建构——以法国和我国台湾地区的经验为参照》一文主要围绕法国和我国台湾地区第三人撤销之诉的功能定位、程序主体与客体、期间与管辖、审理、配套制度与救济程序等五个方面进行了对比介绍，并提出在我国建构第三人撤销之诉的立法建议。① 胡军辉、廖永安的《论案外第三人撤销之诉》通过对第三人撤销之诉的制度研究，提出了既判力相对性原则的弱化、既判力主观范围的扩张、审判的反射效力、以意思自治为基础的当事人主义诉讼模式存在缺陷以及第三人利益事前保障措施不能满足正当程序的需要等五个方面的内容作为第三人撤销之诉的法理基础；并进一步按照"管辖法院、审理范围、判决效力等方面的差异"将《日本民事诉讼法》(1926 年制定)、《澳门地区民事诉讼法》、《法国民事诉讼法》以及"台湾地区民事诉讼法"上的相应制度划分为再审型第三人撤销之诉、上诉型第三人撤销之诉、复合型第三人撤销之诉和独立型第三人撤销之诉。② 肖建华、杨兵的《论第三人撤销之诉——兼论民事诉讼再审制度的改造》则着重介绍第三人撤销之诉具有"形成之诉"的特征，提起第三人撤销之诉的主体"具有法定性和特定性"，诉讼的客体"是法院的终局判决"，"诉讼标的是第三人要求法院撤销原审确定判决的诉讼权利主张"，并认为第三人撤销之诉的正当性基础首先在于"弥补判决效力扩张给案外第三人带来的不利益"，判决效力影响到案外第三人的利益有"既判力主观范围扩张影响第三人"、"判决形成效力扩张影响第三人"和"反射效影响第三人"三种情况，这三种情形在具体条件下均

---

① 参见胡军辉：《案外第三人撤销之诉的程序建构——以法国和我国台湾地区的经验为参照》，载《政治与法律》2009 年第 1 期。

② 参见胡军辉、廖永安：《论案外第三人撤销之诉》，载《政治与法律》2007 年第 5 期。

可以提起第三人撤销之诉。“矫正当事人主义的偏颇”和“给予受裁判约束的案外人以程序保障”是第三人撤销之诉存在的另外两个正当性基础。[①] 张志瀚的《第三人撤销之诉制度初探》在评述了我国既有第三人参加诉讼和执行异议制度所存在的缺陷并对法国等大陆法系国家和地区的相关程序进行比较法考察后，着重就第三人撤销之诉的存在根据和制度功能展开了较为深入的法理分析，最后，提出了建构第三人撤销之诉的理论框架。[②]

在这一阶段，因为我国不存在相关的制度样本作为研究对象，所以学界对于第三人撤销之诉的研究整体上还是延续“提出问题—域外考察—立法建议”的路径，但不论是比较法考察还是立法建议都还远未深入制度本质和技术细节。西南政法大学张妮的博士论文《第三人撤销之诉研究》所采取的也是一种立法论的研究进路，即从第三人撤销之诉的概念、性质和理论基础入手，通过比较法考察和我国司法实践的需求分析，最后提出建构第三人撤销之诉的理论框架。

第二个阶段是从最高人民法院以司法解释的形式确立了案外人申请再审程序到2012年第十一届全国人民代表大会常务委员会通过关于修改《中华人民共和国民事诉讼法》的决定。考虑到日益增多的虚假诉讼和恶意诉讼行为，2008年《关于适用审判监督程序的解释》第5条规定，案外人对原判决、裁定、调解书确定的执行标的物主张权利，且无法提起新的诉讼解决争议的，可以在判决、裁定、调解书发生法律效力后2年内，或者自知道或应当知道利益被损害之日起3个月内，向作出原判决、裁定、调解书的人民法院的上一级人民法院申请再审。这一“突破”立法的制度设计被学界称为“案外人申请再审”。在这一阶段，因为已有现行制度蓝本作为参照，学界对于第三人撤销之诉的立法论

---

① 参见肖建华、杨兵：《论第三人撤销之诉——兼论民事诉讼再审制度的改造》，载《云南大学学报(法学版)》2006年第4期。

② 参见张志瀚：《第三人撤销之诉制度初探》，载《厦门大学法律评论》2007年第13辑，厦门大学出版社2007年版，第177～204页。

研究进而转向论证案外人申请再审制度的合理性和可操作性等问题。

这一阶段具有代表性的研究论文有：肖建国的《论案外人申请再审的制度价值与程序设计》、张妮的《案外人申请再审的冷思考》、孙茜的《案外人申请再审制度的完善》、董少谋的《依托再审程序构建案外人救济途径》和《执行程序中案外人之救济途径》、卢正敏的《论案外人申请再审制度中的适格案外人》、王学棉的《论案外人撤销之诉》等等。其中，肖建国教授提出，《关于适用审判监督程序的解释》第5条实际上已经突破2007年修订《民事诉讼法》第204条(现为第234条)的规定，建立起执行程序外的案外人直接申请再审程序。[①] 卢正敏教授进一步提出，应当以是否受到判决效力所及作为案外人申请再审的判断标准，并进行了类型化的分析和讨论。[②] 来自司法实务界的人士也针对案外人申请再审的适格主体范围问题提出了更具现实性的立法建议。[③] 或许是因为最高人民法院耐人寻味的模糊立场，在此阶段，案外人申请再审在各地法院审判实践中的操作标准极为不统一。这一阶段的研究主要是依据法国第三人撤销之诉的理论学说和具体制度设计提出完善"案外人申请再审"程序在适格主体、诉讼要件、管辖、法律效果等方面的建议。当然，也有部分学者主张应当建立独立的第三人撤销之诉。[④]

第三个阶段则是2012年修订后的《民事诉讼法》第56条第3款确立我国第三人撤销之诉程序至中国民事诉讼法学研究会2013年年会召开之前。新法确立的第三人撤销之诉程序的主要目的是解决虚假诉

---

① 参见肖建国：《论案外人申请再审的制度价值与程序设计》，载《法学杂志》2009年第9期。

② 参见卢正敏：《论案外人申请再审制度中的适格案外人》，载《厦门大学学报(哲学社会科学版)》2012年第1期。

③ 参见华双根：《案外人申请再审主体资格问题探析》，载《人民法院报》2009年9月18日第6版；易新华：《案外人申请再审中几个问题的解决》，载《人民法院报》2010年9月1日第8版。

④ 参见张妮：《案外人申请再审的冷思考》，载《河北法学》2011年第11期；王学棉：《论案外人撤销之诉》，载《法学杂志》2011年第9期。

讼等问题，但其采取的将适格主体与有独立请求权和无独立请求权第三人相关联的立法技术为法解释学的发展提出了新的挑战。因此，在新法刚刚通过的近一年时间内，民事诉讼法学界显得相当普遍并且一度占据了主流地位的观点认为，2012 年修订《民事诉讼法》第 56 条第 3 款确立的第三人撤销之诉与民事诉讼法的基本理论存在一定冲突，在司法实践中有可能完全无法适用或者适用的空间十分有限。

我国立法机关所采取的在有独立请求权和无独立请求权第三人参加诉讼制度的基础上，以新增加一款的方式建立起我国第三人撤销之诉程序，与域外立法例相比，在体例安排和制度设计上存在较大差异。2012 年《民事诉讼法》第 56 条第 3 款所确立的第三人撤销之诉在司法实践中根本无法适用或者可能适用的空间将极为有限。虽然这些观点之间存在种种微妙的区别，但为了突出争论之对立焦点，这里仅着眼于其共同的研究取向，暂且把结论相近的这些研究成果统称为“否定适用说”。其中，2012 年《民事诉讼法（修正案）》刚刚公布，陈刚教授即在《人民法院报》上发表的《第三人撤销判决诉讼的适用范围——兼论虚假诉讼的责任追究途径》一文最具有代表性，该文也系统地阐明了“否定适用说”的核心观点。陈刚教授主张，第三人撤销之诉在现行制度框架下既无适用的必要性，也无适用的可能性，更无法达到遏制恶意诉讼和虚假诉讼的立法目的。一方面，第三人撤销之诉很难适用于有独立请求权第三人，因为有独立请求权第三人若未参加诉讼则不受到判决效力所及；若原审诉讼结果损害其民事权益，则其可以另行单独起诉；另一方面，对于无独立请求权第三人而言，未受诉讼告知或“因不能归责于本人的事由未参加诉讼”且本案的诉讼结果“损害其民事权益”的法定适用条件在现行法上很难满足。因为按照《民事诉讼法》的规定，直接承担民事责任的无独立请求权第三人享有当事人的权利和义务，已经享有充分的程序保障；如果法院向其送达判决书，该类第三人可以直接提起上诉；如果法院未向其送达判决书，则可以通过审判监督程序寻求救济。在无独立请求权第三人收到法院通知而因自身原因未参加

诉讼的情形下，则其也不具有提起撤销之诉的资格。[①]

按照陈刚教授的观点，立法者期待通过第三人撤销之诉遏制恶意诉讼和虚假诉讼等现象的立法目的同样会落空，因为现有很多恶意诉讼、虚假诉讼现象侵害的往往并不是“对判决结果在法律上有利害关系的第三人，而是对判决结果有事实上利害关系的第三人”，但对判决结果有事实上利害关系的第三人在现行制度条件下并不能成为提起第三人撤销之诉的适格原告。部分持该观点的学者还提出为了遏制虚假诉讼行为，应当建立类似大陆法系的诈害防止参加程序而非第三人撤销之诉。[②] 即使持相对稳健立场的学者也认为在建立既判力制度的前提下，第三人撤销之诉可能会受到限制，甚至是多余的。[③]

这一阶段占据主流的“否定适用说”更多的是基于立法论的视角，从民事诉讼基本理论以及民事诉讼法典整体制度安排的应然层面，批评立法者在具体制度选择以及制度设计等方面的不足之处。毋庸讳言，有关第三人撤销之诉的现行立法确实存在诸多疑问，针对该制度的很多批评都显得有理有据，且大体能够做到逻辑自洽。

第四个阶段是中国民事诉讼法学研究会 2013 年年会召开至 2014 年年底。王亚新教授与笔者共同提交的年会论文《有关第三人撤销之诉的另一种思考》提出在立法程序短时间内无法重新启动的前提下，应当采取解释论和司法政策论的视角和立场，尽可能地促进第三人撤销之诉的司法适用，使之符合立法者所设定的规范目的。这一观点得到了绝大多数与会学者的赞同，仅有少数学者仍然坚持“否定适用说”的观点。

在 2013 年中国民事诉讼法学研究会年会召开之前，已有学者认为

---

① 参见陈刚：《第三人撤销判决诉讼的适用范围——兼论虚假诉讼的责任追究途径》，载《人民法院报》2012 年 10 月 31 日第 7 版。

② 参见董露、董少谋：《第三人撤销之诉探究》，载《西安财经学院学报》2012 年第 6 期。

③ 参见张卫平：《中国第三人撤销之诉的制度构成与适用》，载《中外法学》2013 年第 1 期。

应当采用“目的性扩张解释”的方法，认可合法权益受到虚假诉讼侵害的被害人成为第三人撤销之诉的适格原告。[①] 其中，还有学者进一步提出，第三人撤销之诉的司法适用问题应当结合司法实践中不同案件类型分别讨论。在兼顾虚假诉讼等现象的被害人救济、受到判决效力所及第三人的程序保障以及法院生效裁判稳定性的基础上，有必要将我国司法实践中的有独立请求权第三人（与原当事人间就系争财产或法律关系有无实质争议）和无独立请求权第三人（“权利型”、“义务型”和“权利—义务型”）划分为不同的类型，并结合更加具体的司法实践场景讨论究竟何种类型的案外第三人有可能成为第三人撤销之诉的适格原告。[②] 但因为缺少司法实践中代表性事例的支持与论证，即使对第三人撤销之诉持肯定立场的学者，也认为其程序适用“任重道远，甚至悬念重重”。[③] 而来自司法实务界的观点虽然提出，对于无独立请求权第三人“有法律上的利害关系”的理解应当从宽把握，进而应当扩张理解 2012 年《民事诉讼法》第 56 条第 3 款中“第三人”的范围，此处的“第三人”实际上包括除了参加原诉讼当事人之外的所有案外人。[④] 但这些文章并未合理界定第三人撤销之诉与必要共同诉讼、案外人申请再审，甚至另行起诉之间的关系，理论上尚难以做到自洽。

在 2013 年提交的年会论文中，唐力教授等的《论第三人撤销之诉制度的系统定位》，田平安教授等的《试论第三人撤销之诉的完善》均主张应当从解释论的视角规范其司法实践，并与其他既有的诉讼程序合

---

① 此类观点可参见王亚新：《第三人撤销之诉的解释适用》，载《人民法院报》2012 年 9 月 26 日第 7 版；许可：《论第三人撤销诉讼制度》，载《当代法学》2013 年第 1 期。

② 王亚新：《第三人撤销之诉的解释适用》，载《人民法院报》2012 年 9 月 26 日第 7 版。

③ 王福华：《第三人撤销之诉适用研究》，载《清华法学》2013 年第 4 期。

④ 吴兆祥、沈莉：《民事诉讼法修改后的第三人撤销之诉与诉讼代理制度》，载《人民司法》2012 年第 23 期；高民智：《关于案外人撤销之诉制度的理解与适用》，载《人民法院报》2012 年 12 月 11 日第 4 版。

理界定各自的功能。张永泉教授在肯定了第三人撤销之诉制度价值的基础上，特别指出我国第三人撤销之诉在适格原告、程序性质和诉讼要件上的特殊性。肖建国教授等的《论第三人撤销之诉的法理基础》一文提出应当从前置性程序保障、后置性程序保障以及第三人申请检察建议或抗诉的整体性解释路径，同时分别按照"从实体法到程序法"和"从程序法到实体法"两个进路对第三人撤销之诉的请求权基础展开深入分析，认为可以将第56条第3款解释为立法者授予虚假诉讼的被害人以实体撤销权。[①] 此外，还有学者从更为深入细致的比较法视角出发，提出还是应该通过立法和司法解释进一步完善第三人撤销之诉程序。[②] 当然，也有学者认为由于理论上论证不足、相关制度间缺乏协调，第56条第3款存在着"目的解释与法规范的文义解释"的冲突，虚假诉讼的被害人不能被扩张解释为第56条第3款所界定的"第三人"，而且第三人撤销之诉与另行起诉以及执行救济程序的关系也有待澄清。[③] 王亚新教授、吴泽勇教授和笔者等针对第三人撤销之诉原告适格问题的法解释学研究则试图从政策论和解释论的视角为司法实务提供一种规范性的指引。[④] 在此阶段，学界逐渐形成了在符合立法者所设定的规范目的前提下，尽量促进第三人撤销之诉适用的共识。但"否定

---

① 参见肖建国、黄忠顺：《论第三人撤销之诉的法理基础》，载中国民事诉讼法学研究会编：《中国民事诉讼法学研究会2013年年会论文集》(上册)，厦门大学出版社，第361～371页。

② 参见巢志雄：《法国第三人撤销之诉研究——兼与我国新《民事诉讼法》第56条第3款比较》，载《现代法学》2013年第3期。

③ 刘学在：《第三人撤销之诉的几点思考》，载中国民事诉讼法学研究会编：《中国民事诉讼法学研究会2013年年会论文集》(上册)，厦门大学出版社，第304～310页。

④ 参见王亚新：《第三人撤销之诉原告适格的再考察》，载《法学研究》2014年第6期；吴泽勇：《第三人撤销之诉的原告适格》，载《法学研究》2014年第3期；刘君博：《第三人撤销之诉原告适格问题研究——现行规范真的无法适用吗?》，载《中外法学》2014年第1期。

适用说”所提出的疑问和挑战仍然有待于主张解释论学者的正面回应。

第五个阶段是最高人民法院于2014年年底公布并实施《民诉法解释》后至今。一方面，包括全国人大法工委副主任王胜明、全国人大法工委研究室民法室主任姚红在内的参与第三人撤销之诉起草工作的立法工作者也开始在各种场合澄清对于第三人撤销之诉立法选择和立法技术的质疑。[①] 另一方面，最高人民法院《民诉法解释》正式对第三人撤销之诉的适格主体、客体、审理程序以及与相关程序的关系进行了详细规定，全国各级人民法院开始大量受理、裁判第三人撤销之诉案件。

在此阶段，包括张兴美、刘东以及笔者在内的众多中青年学者开始对第三人撤销之诉的适格原告、撤销范围、审理程序等具体构成要件展开更为细致的解释论分析。[②] 与此同时，有关第三人撤销之诉制度功能的研究开始向两个方向集中：一是与案外人申请再审等救济程序的制度竞合问题开始成为学界关注的热点，崔玲玲、李浩、许少波、胡军辉、周克文等均撰文对第三人撤销之诉与案外人申请再审的制度竞合问题提出解决方案，不过基于规范目的和研究方法的区分，前述研究成

---

① 参见王胜明同志在中国人民大学法学院所做的“民事诉讼法若干争议问题立法思考”讲座和姚红同志在对外经济贸易大学法学院所做的“民事诉讼法修改的主要内容和立法考虑”讲座，两场讲座的全书参见中国民商法律网 http://www.civillaw.com.cn/，2014年1月9日最后访问。

② 相关研究可参见刘君博：《第三人撤销之诉的程序建构》，载《法学》2014年第12期；刘君博：《第三人撤销之诉撤销对象研究——以《〈民事诉讼法〉解释》第296、297条为中心》，载《北方法学》2016年第3期；张兴美：《第三人撤销之诉原告适格问题研究》，载《法学杂志》2016年第6期；张兴美：《第三人撤销之诉制度的“使命”探究》，载《法学家》2018年第4期；刘东：《回归法律文本：第三人撤销之诉原告适格再解释》，载《中外法学》2017年第5期；刘东：《再审吸收第三人撤销之诉的程序规则研究——以〈民诉法解释〉第301、302条为中心》，载《法学家》2020年第2期。

果的分歧比较明显。[①] 二是第三人撤销之诉究竟能否发挥遏制虚假诉讼的制度功能仍然是学界争议的焦点，与此密切相关的是，还有部分学者关注第三人撤销之诉的适用范围能否向仲裁裁决、司法确认裁定等领域扩张的问题。[②]

应当说，除了少数观点仍坚持认为在完善再审之诉的前提之下第三人撤销之诉的存在意义极为有限外，此阶段学界与司法实务界基本形成了即便我国逐步确立了既判力相对性原则，第三人撤销之诉仍然具备特有功能与实效的理论共识。[③]

三、研究的进路、结构与方法

立足于发展法解释学并服务于我国司法实践的需要，本书所持的

---

① 李浩教授提出应当以审判监督程序为受害债权人的救济方式，而许少波、胡军辉、崔玲玲、周克文等均主张应当以第三人撤销之诉取代案外人申请再审。参见李浩：《第三人撤销之诉抑或审判监督程序——受害债权人救济方式的反思与重构》，载《现代法学》2020 年第 5 期；许少波：《第三人撤销之诉与申请再审的选择》，载《河南大学学报(社会科学版)》2015 年第 1 期；胡军辉：《论第三人撤销之诉与周边程序的协调》，载《政治与法律》2015 年第 8 期；崔玲玲：《第三人撤销之诉的外部运行环境优化分析》，载《法律科学》2017 年第 6 期；周克文：《厘清第三人撤销之诉与案外人申请再审的关系》，载《法律适用》2020 年第 9 期。

② 参见郑金玉：《我国第三人撤销之诉的实践运行研究》，载《中国法学》2015 年第 6 期；罗恬漩：《论虚假诉讼受害人的救济：兼探讨第三人撤销之诉适用》，载《交大法学》2017 年第 2 期；熊跃敏、梁喆旎：《虚假诉讼的识别与规制——以裁判文书为中心的考察》，载《国家检察官学院学报》2018 年第 3 期；刘君博：《论虚假诉讼的规范性质与程序架构》，载《当代法学》2019 年第 4 期；田海鑫：《民事虚假诉讼的裁判效力及救济路径》，载《东南学术》2020 年第 5 期；朴顺善、张哲浩：《第三人撤销仲裁裁决制度研究》，载《学术交流》2020 年第 6 期；傅贤国：《论案外第三人撤销诉讼案件范围的扩大》，载《理论导刊》2019 年第 5 期。

③ 参见严仁群：《不受判决拘束者之事后救济》，载《法学家》2015 年第 1 期；廖浩：《第二人撤销诉讼实益研究——以判决效力主观范围为视角》，载《华东政法大学学报》2017 年第 1 期。

仍然是一种规范解释论的基本立场。不过，与已有研究成果不同的是，除了围绕第三人撤销之诉的主体要件、客体要件以及诉讼程序等进行体系性解释之外，笔者仍然坚持了一种整体性解释论的研究进路，即在努力促进现行《民事诉讼法》第 59 条第 3 款得到准确适用的同时，也注重对滥用诉权冲击法院生效裁判的限制；在力求实现第三人撤销之诉的理论体系与司法适用周延自洽的同时，也注重发挥其对于促进其他相关制度完善的作用。特别是在《民诉法解释》第 247 条就禁止重复起诉和一事不再理的构成要件作出规定后，我国的裁判效力研究明显呈现出向体系化方向"收敛"的趋势。在此背景下，包括第三人撤销之诉在内的案外人救济程序也获得了体系化构建的可能。

就全书的体例而言，笔者仍然采取的是总分结构，既便于一般读者对第三人撤销之诉的制度全貌从容地了解、把握，也利于关注具体程序适用的研究人员就制度细部进行深入探讨。在总论部分，笔者首先将对第三人撤销之诉的整体情况进行概述，结合法国相关制度的沿革和理论发展以及德国、日本等大陆法系代表国家的民法和民事诉讼法基本理论框架，主要介绍第三人撤销之诉的概念、特征、历史沿革和理论基础，并对其制度功能和局限性展开分析。其次，结合裁判效力理论，对我国第三人撤销之诉的立法选择及案外人利益保护模式进行比较分析，这一部分主要对我国修法前已有的第三人权益保护制度以及案外人申请再审和第三人撤销之诉等具体程序的理论积累和司法实践经验进行总结和评述。在此基础上，对案外人独立提起后诉、案外人申请再审和第三人撤销之诉等三种事后救济程序的优劣和立法模式进行比较分析，指出修法后学界关于第三人撤销之诉适用论之争的根本分歧所在和解决路径。最后，以民事诉讼基础理论和我国司法现状分析为依据，提出第三人撤销之诉解释论构建的制度理念、原则和总体设计方案。

在分论部分，笔者将主要围绕第三人撤销之诉的主体要件、客体要件、诉讼程序以及与虚假诉讼的关系四个方面的内容展开论述，力求在既有制度框架下建构起第三人撤销之诉具体司法适用的要件和程序，从而实现其制度功能。“重其所重，轻其所轻”是笔者在分论部分研究方法上所坚持的原则，即集中精力讨论第三人撤销之诉所特有的或者理论上存在较大争议的要件。其中，主体部分主要以原告适格问题的讨论为核心，在借鉴法国相对成熟的判决效力理论和司法实践经验基础上，结合笔者在部分法院实地调研以及文献检索中所发现的裁判案例，提出第三人撤销之诉原告适格判断的正当性基础和标准并提出进一步完善有独立请求权和无独立请求权第三人参加诉讼制度解释论建议。在客体部分，笔者将主要围绕诉的利益及加重起诉条件和撤销对象两个要件展开讨论，力求通过诉的利益及加重起诉条件限制滥用诉权行为，并通过对具体撤销对象的讨论和分析进一步细化第三人撤销之诉可能的适用范围。第 59 条第 3 款仅仅对起诉期间和管辖制度作出了原则性规定，结合《民诉法解释》以及我国民事审判程序建构的一般原理和第三人撤销之诉的特点，笔者将对包括起诉、管辖、审理及救济程序、诉的合并及裁判以及法律效果等在内的主要诉讼程序进行讨论、分析和建构，并提出整体性解释论方案。在完成第三人撤销之诉的解释论建构之后，笔者将进一步明确其在整个民事诉讼制度体系中的定位并立足于《民事诉讼法》第 115 条，对虚假诉讼的构成要件以及与第三人撤销之诉的关系展开分析。

对法律规范进行分析与解释是法学研究的重要一环，本书将主要采取法解释学的方法展开研究，即主要通过对现行的法律内容和民事诉讼法理论知识体系以及现行法律规范进行体系化解释、归纳的方法开展研究。在研究进路的选择和平衡上，笔者坚持以客观的规范目的作为解释标准，进而统领文义、体系和历史解释等方法。《民事诉讼法》第 59 条第 3 款仍然属于一种“原则性立法”，因此，在符合规范目的的前提下，笔者也会进行一些立法论范畴的讨论和研究。为了避免研究陷入空泛的“自说自话”，笔者将在各章中引入境内外相关的具体裁判案例，从而使本书的论证建立在扎实的司法实践基础之上，希望能够引起理论界与司法实务界的共鸣。

本书旨在探寻第三人撤销之诉程序的制度价值与适用范围，促使其融入我国民事诉讼制度体系中并与其他程序实现良好衔接从而进一步促进民事诉讼法解释学的发展。在此意义上，本书的主要特色或者亮点主要有如下方面：一是实践性。在梳理和深入分析第三人撤销之诉制度设计的法理基础上，为我国第三人撤销之诉的司法适用提供体系化、具有可操作性的解释论方案。二是学理性。本书的研究对象虽然是一项具体的民事诉讼程序，但具体制度设计的完善必须契合民事诉讼法学的基本程序理念和经典理论。本书以研究对象为切入点，充实和丰富民事诉讼的理论基础，在解决实践问题的同时，力求推动民事诉讼法解释学理论和方法的发展。三是“有限度的创新”。虽然研究对象的法律规范较为概括和模糊，但本书仍然立足于立法者所设定的规范目的进行具体制度设计的讨论，并非采取一种“毕其功于一役”的立场，而是坚持理论与实践相互促进、有限度的创新。

第一章

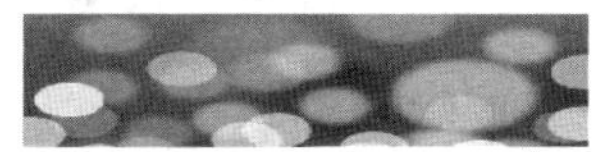

第三人撤销之诉概述

一、第三人撤销之诉的界定、特征及历史沿革

1.第三人撤销之诉的界定

与民事诉讼中很多其他程序和制度相同，“第三人撤销之诉”也是一个舶来品。在域外，由于历经学术界和司法实务界多年的苦心钻研和经验积累，其概念的内涵和外延相对明晰和确定。例如，法国民事诉讼法教材将第三人撤销之诉定义为：当第三人因其作为局外人的判决所产生的效果而受到损害时，或者仅仅是受到损害威胁时，为之设置的一种非常上诉途径。① 我国台湾地区学界和司法实务界一般则直接以“民事诉讼法”第507条之一的条文表述作为第三人撤销之诉的定义，即“有法律上利害关系之第三人，非因可归责于已之事由而未参加诉讼，致不能提出足以影响判决结果之攻击或防御方法者，得以两造为共同被告对于确定终局判决提起撤销之诉，请求撤销对其不利部分之判决”。

① ［法］让·文森、塞尔日·金沙尔：《法国民事诉讼法要义》（上、下册），罗结珍译，中国法制出版社2001年版，第1282页。

我国学术界对第三人撤销之诉概念的认识经历了一个由浅入深的过程。在2012年修订《民事诉讼法》之前，学界对于第三人撤销之诉概念的界定主要是一种应然层面上的立法建构。例如，肖建华教授等首先将第三人撤销之诉定义为“因诉讼当事人进行诈害诉讼，或因受确定判决效力影响而受到不利的原诉讼当事人以外的第三人，因不可归责于己的原因未能参加原诉讼，以致不能提出有利于自己并影响判决结果的事实或法律主张，从而向法院提起要求撤销原审确定判决的再审之诉”[①]。胡军辉教授等则指出，第三人撤销之诉不一定就是指第三人启动再审之诉，进而将第三人撤销之诉定义为“在法律上有利害关系的案外第三人，因不可归责于己的事由而未参加原案审理，但原案生效判决使其权利受到损害或者损害威胁且无其他救济手段，可以请求法院撤销或改变原案生效判决中对其不利部分的诉讼程序”[②]。张妮博士以我国民事诉讼上的“第三人”概念为切入点，将“在裁判生效至执行前阶段受到权益侵害”的程序主体界定为“由于信息掌握的不对称性等客观原因，而未能参加民事诉讼、仲裁，但裁判文书所确定的权利义务内容或诉讼标的与其有利害关系或程序性利益的公民、法人或其他组织以及当事人通过欺诈行为获得有效裁判而受到侵害的公民、法人或其他组织”；在此基础上，提出第三人撤销之诉是指“由于信息掌握的不对称性等客观原因，而未能参加民事诉讼、仲裁或调解，但裁判文书所确定的权利义务内容或诉讼标的与其有利害关系或程序性利益的公民、法人或其他组织以及当事人通过欺诈行为获得有效裁判而受到侵害的公民、法人或其他组织向法院要求撤销或变更原裁判文书的权利主张的一种诉讼救济程序”。[③] 对于上述三个定义，仅着眼于适格主体要件

① 肖建华、杨兵：《论第三人撤销之诉——兼论民事诉讼再审制度的改造》，载《云南大学学报(法学版)》2006年第4期。

② 胡军辉、廖永安：《论案外第三人撤销之诉》，载《政治与法律》2007年第5期。

③ 张妮：《第三人撤销之诉研究》，西南政法大学2012年博士学位论文。

方面的区别，似可将肖建华教授等提出的定义与张妮博士的定义划归一类，即受到判决效力的不利影响和诈害诉讼是可能引起第三人撤销之诉的两种相互平行的原因。胡军辉教授等所提出的定义在一定程度上参考了我国台湾地区“民事诉讼法”第507条之一的表述，仅以“法律上有利害关系”作为适格主体的核心要件，与肖、张二人的定义具有本质上的区别。当然，三个定义在撤销对象、程序性质以及其他主体要件方面也都存在明显差别，笔者就不再一一指明。

在2012年修订《民事诉讼法》规定了第三人撤销之诉程序后，王福华教授结合我国立法实践和对第三人撤销之诉的学理分析将其定义为“第三人因不能归责于自己的事由未参加他人正在进行的诉讼，但在诉讼结束后有证据证明已生效的裁判或调解书内容损害了其民事权益，从而向作出该法律文书的法院提起的请求撤销已生效裁判或调解书的诉讼”[①]。王福华教授提出的定义优点极为明显：一方面较好地契合了我国《民事诉讼法》所规定的诉讼要件，另一方面则回避了比较容易引起争议的适格主体界定的问题。相较而言，张卫平教授将第三人撤销之诉概括界定为“案外第三人申请撤销他人之间已经生效的、错误的判决、裁定和调解书，以维护自己民事权益的制度”，首次将“裁判内容错误”纳入其中的定义。[②] 从上述对第三人撤销之诉概念的梳理中不难发现，避难就易、结合本国立法实践是我国学术界界定其基本内涵的一个发展趋势。

法律概念是构建法律体系的基础单位。在此意义上，为某项具体制度或者程序界定一个内涵和外延清晰、合理的“定义”或“法律概念”绝非易事。正如拉伦茨所指出的，概念需要能够涵摄“具备定义该概念之全部要素的事物”，至于选择何种要素来定义概念，则主要取决于该

---

① 王福华：《第三人撤销之诉适用研究》，载《清华法学》2013年第4期。

② 张卫平：《中国第三人撤销之诉的制度构成与适用》，载《中外法学》2013年第1期。

学科设定概念时所追求的规范目的。[①] 黄茂荣教授提出在建构概念时应当遵循“舍弃不重要之特征”的方法，即从规范意旨出发，取舍该对象已知的特征（要素）；在取向上，应当坚持法律概念系为目的而生的理念，注重规范价值和体系思维。[②]《民事诉讼法》第59条第3款实际上已经提出了第三人撤销之诉的“原则性”概念，并在主体要件、起诉条件、客体要件等方面均给予相对准确的界定。一般而言，第三人撤销之诉作为民事诉讼法上的一项程序，可以被分解为主体、客体、程序等基本要素，但就每一项基本要素的描述或者界定应当达到何种程度则取决于具体研究所追求的目的和要完成的任务。本书主要运用法解释学的方法研究我国第三人撤销之诉的理论及司法适用的相关问题：一方面，立法选择上得失与比较分析是本书所要探讨的重要内容之一，而且在立法尚未涉及的程序设计等内容上，本书还将完成一定的立法建构作业；另一方面，作为解释论研究，本书仍然需要严格遵循立法者所设定的基本概念范畴。因此，从取向上，笔者倾向于采取以《民事诉讼法》第59条第3款为基础，在要素范围的描述上适度扩张的概念界定方式。

在主体方面，笔者不建议使用“有诉讼利益”“有法律上利害关系”“因诈害裁判受到损害”等有关原告适格和诉的利益等要件的描述来作为概念内容，因为这样的概念描述会给本书对诉讼要件的研究加上倾向性的限定条件；概念中仅需要表明原告系当事人以外的第三人即可。但需要在概念中明确的是第三人撤销之诉必须以原审裁判的当事人为共同被告，这是核心要素之一。在客体方面，虽然立法机关已经明确将“判决、裁定和调解书”作为撤销对象，但笔者仍然建议采用“发生法律效力的裁判”这一较为具有弹性的表述，因为可以将调解协议、仲裁裁

---

① [德]卡尔·拉伦茨：《法学方法论》，陈爱娥译，商务印书馆2005年版，第318页。

② 黄茂荣：《法学方法与现代民法》，台湾建诚印刷有限公司2011年增订六版，第69～70、77～79页。

定等非法定法律文书纳入本书学理研究所讨论的范围。同样是出于适当拓展学理讨论的需要，笔者并不将“内容错误”这一要素纳入本书所提出的概念范畴。在主观方面，笔者认为需要表明原告主观上是为了个人利益或者为了避免个人遭受不利益而提起诉讼，这是第三人撤销之诉作为具有私益性质的救济程序与公益诉讼、审判监督程序的区别。最后，在客观行为以及程序性质方面，笔者认为第三人撤销之诉是一项诉讼程序，应尽量避免使用“申请”一类与带有行政色彩的审查程序相对应的表述，而采取“提起诉讼”或者“起诉”。同时，在性质上并无必要强调其是“再审之诉”或者“特殊救济程序”，这些并不是第三人撤销之诉的核心要素。

综上所述，笔者认为对于第三人撤销之诉的概念可以作如下界定：为避免民事权益受到损害，未参加诉讼的第三人可以以原诉讼当事人为共同被告提起请求撤销发生法律效力裁判的诉讼。这一概念不仅覆盖了第三人撤销之诉的全部核心要件，而且可以为研究其理论基础和各个诉讼要件的制度设计留下充足的空间。

2.制度渊源

学术界一般认为，民事诉讼法是大陆法系程序法的核心，而大陆法系所有诉讼制度都共同渊源于罗马法、教会法和中世纪意大利法。[①] 据意大利学者介绍，法国民事诉讼法上第三人撤销之诉(tierce opposition)的制度渊源可以追溯至中世纪封建法，并经由意大利法学塑造为第三人上诉制度(appellatiotertii)，该制度使得罗马法的既判力得以扩展。这一制度后来被法国的第三人撤销之诉(tierce opposition)加以吸收。[②] 因此，在现代的意大利民事诉讼法典中也仍然保留着类似的

① [美]约翰·亨利·梅里曼:《大陆法系》(第2版)，顾培东、禄正平译，法律出版社2004年版，第118页。

② [意]朱赛培·乔温达:《民事诉讼中的罗马法因素和日耳曼法因素》，张礼洪译，载徐昕主编:《司法》(第4辑)，厦门大学出版社2009年版。

制度。根据佛罗伦萨大学 Mauro Cappelletti 教授等的介绍，意大利民事诉讼法典中第三人撤销之诉(oppesizione di terzo)在性质上属于一种特殊的上诉(impugnazione)，因为它不受既判力的影响或者阻止。根据理由不同，意大利的第三人撤销之诉包括普通的(或称简单的，simple)的第三人撤销之诉和撤销性(revocatoria)的第三人撤销之诉两种类型，其中，前一种类型是指第三人主张可执行的或者产生既判力的裁判侵害了他的权利，而且在司法实践中，该类第三人必须证明他对原诉讼的系争标的享有与生效裁判所确认的权利状态不相容的独立权利；后一种类型是指第三人(往往是一方当事人的债权人或者继受人)以存在原诉讼双方通谋或者一方当事人欺诈，进而侵害其利益为由提起的撤销之诉。意大利的第三人撤销之诉必须向作出被要求撤销裁判的法院提起，但两种类型的第三人撤销之诉在起诉期间方面的规定并不相同。在裁判效果方面，不论法院是以程序事由还是实质事由驳回第三人撤销之诉，第三人都会被处以罚金；如果第三人撤销之诉获得法院的支持，则原裁判会被撤销并由新的裁判所取代，法院还会命令原诉讼当事人赔偿第三人相应的利益损失。法院在第三人撤销之诉程序中作出的裁判均可以上诉。①

在 1806 年的《民事诉讼法典》诞生之前，法国法上就存在"异议(l'opppsition)"程序。"异议"作为一个法律术语从 15 世纪开始被使用，其最初含义是抗议法院或法官作出的判决。法国的古代法里对第三人撤销之诉的规定并不多见。1539 年的维莱科特雷敕令(L'ordonnance de Villers-Cotteréts)仅规定了应当处罚为恶意诉讼而提起第三人撤销之诉的人；1566 年的穆兰敕令(L'ordonnance de Moulins)规定，不论是否有人提起第三人撤销之诉，放弃遗产继承权的判决都应当立即执行。1667 年的国王敕令重述了穆兰敕令的规定，同时还规定，如果原告在第三人撤销之诉中败诉，将被判处罚金。其中，半数罚金上缴国库，另外一半

---

① Mauro Cappelletti, Joseph M. Perillo, *Civil Procedure In Italy*, Hague: Martinus Nijhoff, 1965: pp.293-296.

罚金作为给其他当事人的赔偿。但是如果案件已经进入再审程序，则第三人此时对原判决提起撤销之诉，不论胜败与否，该第三人都不会被判处罚金。[①] 按照我国立法工作开展的惯例，2012 年《民事诉讼法（修正案）》中并未就第 56 条第 3 款立法的直接制度渊源进行说明，但系统考察第三人撤销之诉程序缘起对从裁判效力的理论视角分析其制度功能仍具有重要意义。

3.性质与特征

辨析第三人撤销之诉的性质与特征有助于我们更好地理解其制度设计的理论基础和功能。

首先，第三人撤销之诉是一种诉讼法上的形成之诉。一般而言，根据诉讼请求的性质和内容将诉分为给付之诉、确认之诉和形成之诉是包括我国在内的大陆法系国家理论和司法实务中通行的分类方式。其中，形成之诉是指“原告要求法院变动或消灭一定法律状态（权利义务关系）的请求”[②]。根据引起形成之诉的原因不同，形成之诉又可以被划分为实体法上的形成之诉和诉讼法上的形成之诉，前者的典型样态即为根据实体法上规定的合同解除权、婚姻撤销权等依法提起形成之诉；后者的典型样态即为再审之诉等。[③] 有学者认为第三人撤销之诉是一种“特殊类型的诉”，带有补充性和变更性的特点。因为它既是第三人向原诉讼当事人提出实体权利主张，也是要求法院全部或者部分撤销裁判。[④] 这种观点并未明确指出第三人撤销之诉的性质，但从其

---

① [法]艾涅斯特·格拉松：《法国民事诉讼程序的起源》，巢志雄译，北京大学出版社 2013 年版，第 143～144 页。

② 张卫平：《民事诉讼法》，法律出版社 2019 年第 5 版，第 192 页。

③ [日]高桥宏志：《民事诉讼法：制度与理论的深层次分析》，林剑锋译，法律出版社 2003 年版，第 66～67 页；邱联恭：《口述民事诉讼法讲义（三）》，2012 年自印版，第 12～14 页。

④ 王福华：《第三人撤销之诉适用研究》，载《清华法学》2013 年第 4 期。

分析中不难推断其所持的是一种“混合诉讼”[①]立场。“混合诉讼”说在国内学界是一种颇为流行的观点，杨卫国博士、张妮博士等均认为第三人撤销之诉并非形成之诉，而是一种具有混合特点的诉。因为“究其实质而言，这种要求撤销原裁判文书只是形式，其最终目的是将原裁判文书中所确定的实体法律关系进行变更”，“除了发生形成之诉的法律类效果外，还有可能在之后具有给付之诉的法律效果”。[②]

笔者不赞同上述“混合诉讼说”的立场。第三人撤销之诉的本质特点是要求法院撤销已经生效的法律裁判所确认或形成的法律关系。第三人是否向原审当事人提出实体权利主张与第三人撤销之诉实际上是两个不同的诉讼标的、两个不同的诉讼，法院可以进行合并审理，但这并不影响和改变第三人撤销之诉本身的性质和特征。我国台湾地区学界在讨论时即对法国法第三人撤销之诉所使用的“变更”一词存在误解。[③] 所谓的“变更”法律关系都可以被理解为“撤销＋另行提出新的诉讼请求”或者“部分撤销”，在前一情形下实际上是两个诉讼标的、两个诉。“混合诉讼说”据此认为第三人撤销之诉具有“混合特点”或为“特殊类型”的诉似乎解读有误。

其次，第三人撤销之诉是一种“特殊救济”程序。学界对于第三人撤销之诉“特殊救济”性质的认识一般源于其在法国民事诉讼法中的定位。《法国新民事诉讼法典》将其置于第十六编、第三副编“非常上诉”之下，与“再审申请”和“向最高司法法院提起上诉”并列。但法国学界

---

① “混合诉讼”认为诉讼类型不限于给付、确认和形成三种，有很多诉讼同时兼具两种诉讼的性质。这种观点多见于我国台湾地区部分学者的论述，但提出此观点的邱联恭教授本人也认为第三人撤销之诉属于诉讼法上的形成之诉，其所列举的具有“混合诉讼”性质的事例主要指裁判分割共有物、裁判酌定扶养费等案件。邱联恭：《口述民事诉讼法讲义（三）》，2012 年自印版，第 14 页。

② 张妮：《第三人撤销之诉研究》，西南政法大学 2012 年博士学位论文；杨卫国：《第三人撤销之诉性质的重识》，载《东方法学》2015 年第 5 期。

③ 刘君博：《台湾地区第三人撤销之诉评述》，载《台湾研究集刊》2017 年第 4 期。

有学者主张第三人撤销之诉是一种“假的特殊救济途径”，因为只要法律没有特殊规定，第三人就可以对一切类型的判决提起撤销之诉。对于第三人而言，第三人撤销之诉不过是一种普通救济途径。第三人撤销之诉具有特殊性的原因是救济途径应当向当事人提供而非第三人。[①] 我国学界主流观点认为第三人撤销之诉作为特殊救济程序的性质主要体现在撤销对象是已经发生法律效力的裁判，即它对于法律秩序安定性的影响要甚于一般的诉讼程序。[②] 但即使具有特殊救济程序的性质，张卫平教授仍然主张第三人撤销之诉与再审程序不同，案外第三人从未行使过诉讼权利，从司法政策的角度出发，第三人撤销之诉的“门槛”不应当高于再审程序，但对其启动也应当有严格的限制。[③] 笔者基本赞同学界主流观点对于第三人撤销之诉特殊救济程序性质的理解和定位，但需要说明的是，在进行具体的审理程序设计时不应过度强调特殊救济的性质。

再次，第三人撤销之诉是一种事后救济程序。“事后救济”的特征主要是相较于有独立请求权和无独立请求权第三人参加诉讼制度而言的。张卫平教授将裁判是否生效作为区分事前与事后救济程序的标准，一般而言，通常的救济程序都是事前程序，事后救济程序是一种特殊和例外。[④] 在此意义上，在民事诉讼制度体系中设置一项事后救济程序就需要具备特别的正当性基础。作为事后救济程序，法国法上一直保留第三人撤销之诉除了具有制度传统上的因素以外，更主要是基

---

① [法]洛伊克·卡迪耶主编：《法国民事司法法》，杨艺宁译，陆建平审校，中国政法大学出版社 2010 年版，第 575 页。

② 王亚新：《第三人撤销之诉的解释适用》，载《人民法院报》2012 年 9 月 26 日第 7 版；王福华：《第三人撤销之诉适用研究》，载《清华法学》2013 年第 4 期；张卫平：《中国第三人撤销之诉的制度构成与适用》，载《中外法学》2013 年第1 期。

③ 张卫平：《中国第三人撤销之诉的制度构成与适用》，载《中外法学》2013 年第 1 期。

④ 张卫平：《中国第三人撤销之诉的制度构成与适用》，载《中外法学》2013 年第 1 期。

于保护第三人民事权益的现实需求；我国台湾地区更是将第三人撤销之诉作为与“职权通知”相配套的一项程序保障措施予以落实的。

最后，第三人撤销之诉是一项诉讼程序。特别强调第三人撤销之诉应当具有诉讼程序的性质和特征可能只在中国司法实践的语境下才具有现实意义。“诉讼程序”意味着与带有浓厚行政色彩的“审查程序”相对应，强调第三人撤销之诉的起诉、审理乃至上诉等机制安排应当符合民事诉讼程序的一般制度原理，保障当事人的诉讼权利以及协调程序主体之间的制衡关系。我国再审程序从“申诉—复查”逐渐发展为类似于大陆法系的“再审之诉”的历程很好地诠释了“诉讼程序”应有的价值和意义。因此，笔者认为十分有必要强调第三人撤销之诉作为诉讼程序的性质。

二、第三人撤销之诉的理论基础

法解释学对于大陆法系中以德国民事诉讼法典为蓝本的国家和地区影响极为深远。诉讼要件、诉讼行为、诉讼标的以及既判力等理论建构起一套完整的民事诉讼概念体系。但过度抽象的概念建构不可避免地带来“诉讼法空间”“实体法空间”与现实生活的脱节。因此，在本质上，利益平衡和目的论是包括第三人撤销之诉在内一切事后特殊救济程序存在的理论基础。具体而言，诉讼法效果与实体法效果必须协调、统一才可能真正保护公民权利，进而维护社会秩序的安定。而随着公民权利意识的觉醒和对国家提供公共服务要求的提高，“程序保障”和“纠纷一次性解决”这两项看似矛盾的程序理念成为近年来指导各个国家和地区民事司法改革的重要思想。在相对带有“技术性”特征的层面，制度体系内的诉前与诉后程序同样需要配合和协调。

1.实体法律关系的复杂性

在比较法和法律史的研究中，法国与德国作为大陆法系中最具有代表性的两个国家经常被比较和讨论，茨威格特等甚至将其各自所代表的法律传统和秩序分别称为“罗马法系”和“德意志法系”。在我国的民事诉讼法研究和司法实践中，以德国、日本为代表的“德意志法系”影响深远；而第三人撤销之诉的制度基础则更多源于以法国、意大利为代表的“罗马法系”。

法国法的特点是实体法与程序法的界限划分并不像德国那么清晰。事实上，由于民事权利主体间存在复杂的实体法律关系，判决效力的相对性并不能够在现实生活中得到体现。比如，当某一不动产属于共有财产时，法院对某一共有人作出的判决也会影响到其他共有人。[①]

邱联恭教授在阐释我国台湾地区第三人撤销之诉程序的意义时所举的两个事例都与民事实体法上的特殊规定相关。其中，第一个事例——部分共有人提起共有物返回之诉的实体法依据是我国台湾地区“民法”第 821 条，即各个共有人基于所有权可以就共有物之全部对第三人提出请求。令人费解而且也在我国台湾地区引起较多争议的是第二个事例，即子女对父母之间婚姻无效判决提起撤销之诉。[②] 姚瑞光先生即质疑称“即使父母之婚姻被判决无效，其子女之身份或财产之权利，不受影响”[③]。该事例的难以理解之处就在于父母婚姻无效，子女的身份由婚生子女变为“私生子”究竟有何不利益？笔者推测，邱联恭教授在提出这一事例时应该是受到了日本人事诉讼法中学界经常讨论的关于对世效的经典事例的启发：……X 将 Y 作为被告提起婚姻无效

① ［法］让・文森、塞尔日・金沙尔：《法国民事诉讼法要义》（上、下册），罗结珍译，中国法制出版社 2001 年版，第 1283 页。

② 邱联恭：《第三人撤销诉讼之运用方针》（下），载《司法周刊》2003 年总第 1147 期。

③ 姚瑞光：《民事诉讼法论》，中国政法大学出版社 2011 年版，第 500 页。

诉讼，并获得了请求认容判决。而作为X和Y的子女Z未参加诉讼、未接受讯问，但因父母间的婚姻无效判决的确定而丧失嫡出子身份。像Z这样，因前诉判决的形成力或既判力，而将《人事诉讼法》第24条第2项之规定类推适用于将前诉确定的身份关系作为先决前提问题的身份关系第三人，在这种情形下，是否有必要对判决对世效加以适当限制……[①]日本人事诉讼程序中会出现对上述问题讨论的根本原因在于日本《民法》第900条规定，“……非婚生子女的继承份额为婚生子女继承份额的二分之一；仅为父母一方相同的兄弟姊妹的继承份额为父母双方相同的兄弟姊妹的继承份额的二分之一”[②]。但日本最高裁判所先是在2013年9月宣布前述法律规定违宪，后日本参议院又在2013年12月5日全票通过民法修正案，确认私生子女与父母婚生子女享有同样的继承权。[③]

由于实体法律关系的复杂性，特别是在涉及家事纠纷的民事案件中，生效裁判的效力往往直接作用于案外第三人，也称为对世效。[④] 受到判决对世效所及的第三人在未获机会参与前诉的情形下，应当被赋予其事后救济的途径以保护其合法权益。不论是第三人撤销之诉，还是允许第三人在后诉中对前诉判决的效力予以限制，准其提出与前诉判决裁判相矛盾的主张都是合理的事后救济途径。因此，支撑第三人撤销之诉的第一个理论基础就是实体法律关系的复杂性导致既判力相对性原则的程序法建构在事实上不存在。实体法律关系的复杂性在我国的司法实践中表现得尤为突出，比如城镇职工的“房改房”、农民的宅

---

① [日]松本博之：《日本人事诉讼法》，郭美松译，厦门大学出版社2012年版，第206～207页。

② 渠涛：《最新日本民法》，法律出版社2006年版，第195页。

③ 《日本修改法律 允许私生子和嫡出子享有相同权利》，载人民网，http://japan.people.com.cn/n/2013/1206/c35467-23769549.html，下载日期：2014年7月8日。

④ [日]松本博之：《日本人事诉讼法》，郭美松译，厦门大学出版社2012年版，第203～204页。

基地等，在进行市场交易时都可能涉及单位或者集体的利益。

2.生效裁判的“对抗效力”、“反射效”与“预决效力”

在诉讼法与实体法的一般关系层面上，既判力相对性原则可以保障未参加诉讼的案外人不受到生效裁判所产生的效力影响。生效裁判虽然不能够为案外人创设权利、设定义务，但案外人也不能因此无视因为生效裁判所确认或形成的法律关系的存在。所以，法国学理上认为，判决的“法定真理之力量”(force de lavérité légale)与其“对抗效力”(opposabilité)是并存的，前者是对诉讼当事人所产生的特定效果，后者则及于所有人。[①] 所以，案外人可能受到生效裁判“对抗效力”的不利影响，必须赋予其应有的救济途径。

以德国、日本为代表的大陆法系国家和地区中的“反射效”理论可以称得上是对民法与民事诉讼法分离得过于彻底的一种反思。反射效是一项争议较大的理论，至今在德国、日本学界和司法实务界都尚未形成定论，肯定说、既判力扩张说和否定说都有一定的支持者。所谓反射效是指“因受当事人之间承受既判力之影响，而使判决反射性地对与当事人具有特殊关系的第三人产生有利或不利之影响，判决的这种效果，不同于既判力的扩张，而应当作为另一种判决效力”[②]。按照日本学者铃木正裕的介绍，反射效(reflexwrikung)的概念也是发源于德国学界，Hellwig、Wach以及 Kuttner 等人主张发生反射效的情形主要包括：保证人可以援引债权人对债务人请求无理由之判决对抗债权人的起诉；承租人(转租人)受到腾退房屋的判决时，次承租人也必须腾退房屋；债权人与无限公司之间的确定判决对股东发生反射效。[③] 反射效

---

① [法]让·文森、塞尔日·金沙尔：《法国民事诉讼法要义》(上、下册)，罗结珍译，中国法制出版社 2001 年版，第 253 页。

② [日]新堂幸司：《新民事诉讼法》，林剑锋译，法律出版社 2008 年版，第 511 页。

③ 李亦庭：《反射效之研究——自诉讼法及实体法兼顾观点》，台湾大学法律学院 2010 年硕士学位论文。

发生的主要根据就是当事人之间存在实体法上的从属关系，当然持既判力扩张说或者反射效否定说的学者也有不同的解释。[①] 在我国台湾地区，吕太郎教授曾用反射效理论来分析第三人撤销之诉适格原告的范围；[②]邱联恭教授等则对反射效持否定立场，认为反射效理论过于偏重实体法的观点，而既判力扩张说和反射效否定说也存在各自的缺陷，因此，主张使用涵盖既判力、反射效的“判决效扩张”理论来统合解决实体法上存在依存关系反映到纠纷解决结果上的问题。[③]

传统民事诉讼法学对于诉讼法律效果，特别是判决效力等问题的研究主要集中于既判力的本质与范围、作用效果等理论命题。通说认为，既判力的主观范围原则上仅及于诉讼当事人，仅特定情况下扩展到诉讼标的物的持有人、继受人和诉讼担当的被担当人。但反射效作用的效果和原理与一般的既判力、既判力扩张显然存在着较大的区别。不论理论上的争论如何，反射效所提示的核心问题是在当事人与第三人之间存在某种实体法上依存或者从属关系时，当事人之间的生效裁判可能会影响到第三人的利益。

最高人民法院于 1992 年发布的《关于中华人民共和国民事诉讼法的若干意见》(以下简称《民诉法意见》)第 75 条规定：已为人民法院发生法律效力的裁判所确定的事实，当事人无须举证；2001 年《最高人民法院关于民事诉讼证据的若干规定》(以下简称 2001 年《关于民事诉讼证据的若干规定》)第 9 条规定，已为人民法院发生法律效力的裁判所确认的事实为免证事实，除非当事人有相反证据足以推翻。按照最高人民法院出版的权威解释书的观点，把已为人民法院生效裁判所确认

---

① 李亦庭：《反射效之研究——自诉讼法及实体法兼顾观点》，台湾大学法律学院 2010 年硕士学位论文。

② 吕太郎：《第三人撤销之诉——所谓有法律上利害关系之第三人》，载《月旦法学杂志》2003 年总第 99(8)期。

③ 邱联恭：《口述民事诉讼法讲义(三)》，2012 年自印版，第 339～340 页；李亦庭：《反射效之研究——自诉讼法及实体法兼顾观点》，台湾大学法律学院 2010 年硕士学位论文。

的事实规定为免证事实，其理论基础和依据来源是民事诉讼既判力理论。[①] 但这种观点显然对以德国、日本为代表的既判力理论的理解存在一定的偏差。即使按照尚未形成共识的“争点效”理论来解释 2001 年《关于民事诉讼证据的若干规定》第 9 条关于生效裁判所确认的事实为免证事实的规定也需要满足特定条件。[②] 有学者更是直言认为，生效裁判所确认之事实是公文书所载事实，并非免证事实。[③] 不过，学界的质疑并未动摇司法实务界的立场，《民诉法解释》第 93 条以及 2019 年修改的《最高人民法院关于民事诉讼证据的若干规定》第 10 条依然延续了当事人对生效裁判所确认的事实无须举证证明的规定。[④] 特别是在司法实践中，对前后关联性案件的事实认定不一致经常会导致裁判结果存在冲突。为了避免产生矛盾裁判，审理后诉案件的法官一般都会尽量避免与前诉裁判做不同的事实认定。《民诉法解释》第 93 条以及 2019 年《最高人民法院关于民事诉讼证据的若干规定》第 10 条则要求当事人提供相反证据应达到“推翻”的证明标准，方可否定生效裁判确认的基本事实。在案件事实涉及多方权利主体的情况下，前诉法院作出生效裁判所确认的事实具有的“预决效力”往往会对第三人的合

---

① 最高人民法院民事审判一庭编：《民事诉讼证据司法解释的理解与适用》，中国法制出版社 2002 年版，第 85 页。

② 李浩：《〈证据规定〉与民事证据规则的修订》，载《中国法学》2011 年第 3 期。

③ 占善刚、刘显鹏：《试论我国民事诉讼中免证事实之应有范围及其适用》，载《法学评论》2004 年第 4 期。

④ 按照最高人民法院在相关权威解释书中的说明，相较于 2001 年《关于民事诉讼证据的若干规定》第 9 条以及《民诉法解释》第 93 条，2019 年修改的《最高人民法院关于民事诉讼证据的若干规定》第 10 条已经将“免证事实”的范围限于生效裁判所确认的“基本事实”，而且，基于预防矛盾裁判的考量，要产生预决效力应当满足“先行案件裁判所确定的事实与后行案件存在着相关性，即先行案件裁判所确定的事实构成后行案件事实（的一部分或者全部）”的条件。参见最高人民法院民事审判第一庭编：《最高人民法院新民事证据规定理解与适用》（上），人民法院出版社 2019 年版，第 155～156 页。

法权益产生不利影响。

综上所述，不论是在已经建立既判力制度的大陆法系国家，还是在我国，生效裁判都有可能对案外人产生一定的不利影响。这正是第三人撤销之诉存在正当性的另一重要理论支撑。

3.兼顾"程序保障"与"纠纷一次性解决"

"程序保障"和"纠纷一次性解决"均是现代民事诉讼法所追求的价值理念。程序正义与程序保障等观念都是在20世纪90年代经由日本传入我国民事诉讼法学界的。程序保障观念的根本渊源仍然是美国宪法中的正当程序(due process)原则。而纠纷一次性解决的根本出发点在于提升民事诉讼制度解决纠纷的能力。在日本学界，程序保障说主张，"实现保障当事人参与程序的实质平等之规则，正是民事诉讼的目的所在"①。井上治典教授曾经系统地阐释了这一学说的理论构成，强调民事诉讼程序的"第三波"发展趋势是从结果转向过程、从过去转向未来、从他律转向自律、从终局转向暂定、从法规范的绝对基准性转向相对基准性，程序的正当性和当事人的主体地位应当被进一步强化。②

在我国台湾地区，邱联恭教授将广义的程序保障定义为"保障一般人民有接近并容易使用司法制度之机会"；狭义的概念则指"对程序关系人(当事人)保障其有适时适式参与审理程序，提出攻击防御方法之机会"。③ 邱联恭教授所倡导的"新程序保障论"发端于防止突袭裁判，后来经过其不断地拓展、延伸逐步成为我国台湾地区世纪交替前后修正"民事诉讼法"的总体指导思想和基本原则。其主要思想是，任何人均应受人格尊重；对于涉及其权益、地位的事项，均应受有容易接近法

---

① [日]新堂幸司：《新民事诉讼法》，林剑锋译，法律出版社2008年版，第511页。

② 张卫平：《中国第三人撤销之诉的制度构成与适用》，载《中外法学》2013年第1期。

③ 邱联恭：《程序制度机能论》，台湾三民书局1996年版，第95～96页。

院、平等使用司法救济程序的机会和权利；对于关涉其权益、地位的审判，均应成为程序主体，享有程序主体权，并被赋予参与该审判程序、提出充分攻击防御、陈述事实上及法律上意见或辩论等机会，借此来影响裁判内容的形成，避免受对造所突袭及防止来自法院的突袭性裁判。[①]在内容上，程序保障兼顾追求达成"慎重而正确的(实体上利益)"与"迅速而经济的(程序上利益)"裁判，即实现促进诉讼与发现真实的平衡。[②] 与程序保障论、程序主体权论等理论一脉相承，邱联恭教授还提出"程序主体"概念及其相对化理论作为其正当性基础。凡是可能受到司法裁判影响的人均属于程序主体权的享有者，应被赋予参与相关裁判程序的机会，应享有程序保障权。"程序主体"的概念可以涵盖民事诉讼法上的"当事人"、"利害关系人"以及非讼事件法上的各种关系人。[③] 第三人撤销之诉与"民事诉讼法"第 67 条之一所规定的职权通知制度相配套，实现兼顾程序保障及统一解决纷争，减轻法官群体整体的负担、实现诉讼经济，维护裁判或法的安定性及具体妥当性。[④] 故程序主体是否应当受事后的程序保障而被允许提起第三人撤销之诉主要应当视该主体是否已经成为参加人或者获得参加本诉讼并提出攻击防御方法的机会，以及原判决对该人是否含有不利内容等情况而定，而不以受到判决效力所及为单一判断标准。[⑤]

概言之，作为程序保障论的延展，传统意义上的"当事人"与"第三人"均构成民事诉讼制度中的"程序主体"，在第三人享有充分的诉讼前和诉讼后程序保障的前提下，判决效力的主观范围扩张获得更充足的正当性基础，进而纷争的统一解决得到实现。因此，第三人撤销之诉程

---

① 邱联恭：《程序选择权论》，台湾三民书局 2000 年版，第 4～7 页。

② 邱联恭：《程序选择权论》，台湾三民书局 2000 年版，第 5 页。

③ 邱联恭：《"程序主体"概念相对化理论之形成及今后——基于民事诉讼法修正意旨及其前导法理之阐释》(上)，载《月旦法学杂志》2012 年总第 200 期。

④ 邱联恭：《第三人撤销诉讼之运用方针》(上)，载《司法周刊》2003 年总第 1146 期。

⑤ 邱联恭：《口述民事诉讼法讲义(三)》，2012 年自印版，第 346 页。

序并非一项孤立的、旨在为保护第三人实体权益而设计的特殊救济程序，而是为了贯彻程序保障和纠纷一次性解决的程序理念，是实现民事诉讼制度整体功能扩张的重要一环。从整体制度设计来看，“诉讼参加（包括独立参加、诉讼告知、职权通知）—判决效力主观范围扩张—第三人撤销诉讼”构成了一套完整的制度体系。第三人撤销之诉作为与职权通知等制度配套的一项程序设计，主要是为多样化的程序主体提供事后的程序保障，促进程序主体与司法机关协作配合，提升民事诉讼制度解决多面向、复杂纠纷的能力。

但黄国昌博士主张，“程序保障”与“纷争解决一次性”存在着紧张关系，程序保障的基本要求是受判决效力拘束的主体应被赋予参与程序的机会，并合理预测该程序所将发生拘束力的内容及范围，据此可以提出相应的攻击防御方法；而“纷争解决一次性”则追求的是在客观面上尽可能扩大判决拘束力覆盖的事项，在主观面上尽可能扩及纷争相关的所有当事人。[①] 因此，将二者共同作为构建第三人撤销之诉的法理基础似有不足之处。

4.代表诉讼法理

传统上，“任何人都不能代表受其欺骗的人”(on ne représente pas celuiquel'on trompe)。在此意义上，第三人撤销之诉可以称为是“取消诉权”(action paulienne)在诉讼程序上的延伸。[②] 黄国昌博士认为，代表诉讼法理也是承接程序保障的要求。“台湾地区宪制性规定”所赋予的程序保障并不必然要求利益或者地位受该程序影响的人必须亲自参加到程序中来，通过他人代表将其利益表达到诉讼程序中也

---

① 黄国昌：《诉讼参与及代表诉讼——新“民事诉讼法”下“程序保障”与“纷争解决一次性”之平衡点》，载黄国昌：《民事诉讼理论之新开展》，北京大学出版社2008年版，第263页。

② [法]让・文森、塞尔日・金沙尔：《法国民事诉讼法要义》(下)，罗结珍译，中国法制出版社2001年版，第1284页。

是程序保障的形式之一。[①]

承前所述，程序保障与纠纷一次性解决之间存在不可调和的矛盾。在制度和程序设计上，程序保障强调赋予程序主体参与程序与提出攻击防御方法的机会；而“纠纷一次性解决”则更侧重于扩大裁判的效力范围。按照黄国昌博士的观点，第三人撤销之诉在立法政策上选择了一种对第三人课以较重负担的程序保障模式，从对第三人行使程序权加以限制的角度出发，仅以“纷争一次性解决”不足以成为其全部正当性基础，必须通过“代表诉讼”的法理来补强其理论基础。具体而言，在第三人未参与原诉讼程序的情况下，其对于前诉讼纷争事实所具有的利益已经通过当事人一方提出攻击防御方法，“代表地”反映在前诉讼程序，即已经受到相当程度之程序保障。仅在前诉一造当事人未能代表该第三人利益、提出充分的攻击防御方法时，才赋予当事人提出事后争执的机会。提起第三人撤销诉讼的正当性基础在于第三人在前诉程序中未获得充分的利益代表。[②]

第三人撤销之诉的制度历史极为悠久，但其制度的正当性基础却随着民事诉讼法理念的发展而越发坚实和富有活力。不论是源自罗马法传统下诉讼法与实体法效果的协调统一，还是程序保障、纠纷一次性解决等当代民事诉讼所倡导的理念，都从不同的侧面刻画出其作为一项独特的事后救济程序所具有的理论价值和现实意义。

---

① 黄国昌：《诉讼参与及代表诉讼——新“民事诉讼法”下“程序保障”与“纷争解决一次性”之平衡点》，载黄国昌：《民事诉讼理论之新开展》，北京大学出版社 2008 年版，第 285 页。

② 黄国昌：《第三人撤销诉讼——受判决效力所及第三人之事后程序保障机制》，载黄国昌：《民事诉讼理论之新开展》，北京大学出版社 2008 年版，第 300～301 页。

三、第三人撤销之诉的制度功能

不同国家和地区的立法机关对第三人撤销之诉制度功能的设定各有不同，例如我国《民事诉讼法》明确将遏制虚假诉讼等现象预设为第三人撤销之诉的主要制度功能。结合不同的立法例和司法实践经验，笔者将从促进第三人参加诉讼制度的完善、遏制虚假诉讼、保护第三人的程序利益和实体利益、纠正错误裁判等四个方面来讨论第三人撤销之诉可能发挥的制度功能及其受到的限制。

1.规范诉讼参加制度

我国现行《民事诉讼法》第 59 条“有独立请求权的第三人”和“无独立请求权的第三人”的直接制度渊源是《苏俄民事诉讼法典》中的“对争议标的提出独立请求的第三人”和“没有对争议标的提出独立请求的第三人”。随着我国民事实体法和程序法的解释学研究不断深入以及司法实践的发展，我国民事诉讼法学界对于有独立请求权和无独立请求权第三人参加诉讼制度的研究已经积累了一定的理论成果，而司法实务界对于有独立请求权和无独立请求权第三人参加诉讼制度的理解和适用也经历了一个变化和发展的过程。

现行《民事诉讼法》第 59 条源于 1982 年《民事诉讼法（试行）》第 48 条，在条文表述上既使用了“诉讼标的”，也使用了“请求权”。我国民事诉讼法学界的通说将“诉讼标的”理解为当事人争议的实体权利或法律关系，是请求人民法院予以审判的对象。[①] 近年来，虽然有学者借

① 江伟主编：《中国民事诉讼法专论》，中国政法大学出版社 1998 年版，第 63～64 页；江伟主编：《民事诉讼法》，中国人民大学出版社 2018 年第 8 版，第 26 页。

鉴以德国、日本为代表的大陆法系诉讼标的理论试图对我国的诉讼标的概念进行重构，但在司法实践中，法院仍然坚持通说对于诉讼标的的定义。在整部民事诉讼法典中唯一使用的“请求权”则是指第三人对于诉讼标的享有或者不享有“独立的实体权利”。[①] 因此，从概念内涵的梳理上不难发现，我国传统的民事诉讼理论和司法实践是完全依托于实体法中的民事法律关系而构建起来的，并未形成独立的程序法制度空间。

在我国，关于有独立请求权第三人的认定标准主要有两种观点，主流观点以全国人大常委会法制工作委员会对现行《民事诉讼法》第 59 条所作的说明为代表，认为有独立请求权第三人是指对当事人间的诉讼标的的全部或者一部分，以独立的实体权利人的资格提出诉讼请求进而参加诉讼的人。有独立请求权的第三人提出的诉讼请求既不同于原告，也不同于被告；他的诉讼地位相当于原告，以本诉的原、被告作为被告。我国主要的民事诉讼法学教材也都坚持这一立场。按照主流观点，可能成为有独立请求权第三人的主体范围极为狭窄，往往仅存在于遗产继承以及第三人享有物上请求权等类型的案件。

除了主流观点之外，还有学者基于大陆法系中“诉讼上的请求权”理论将我国《民事诉讼法》第 59 条第 1 款所规定的“有独立请求权”解释为第三人对他人之间的诉讼标的有独立的请求权或诉的利益时，即可以提出诉讼。[②] 按照上述观点，第三人如果认为既存诉讼争议可能对自己的权益造成损害，则可以提起诉讼。这种观点实际上已经把有

① 全国人大常委会法制工作委员会民法室编：《中华人民共和国民事诉讼法条文说明、立法理由及相关规定》，北京大学出版社 2012 年修订版，第84 页。

② 这里的“请求权”应该理解为实体法上的请求权。参见肖建华：《主参加诉讼的诈害防止功能》，载《法学杂志》2000 年第 5 期。

独立请求权第三人的主体范围扩展至涵盖大陆法系的“诈害防止参加”[①]。

无独立请求权第三人并非仅指第三人对诉讼标的没有独立的请求权,更为主要的是案件处理结果同第三人有法律上的利害关系。无独立请求权第三人的解释和重构曾是我国民事诉讼法学界研究的重点和热点问题之一,学者所提出的各种学说纷繁复杂,至今仍然未能形成统一的观点。其中,早期具有代表性的解释论学说主要有“义务性关系说”和“权利义务关系说”。[②] 随着学界对大陆法系的“复杂诉讼形态”和美国的“引入第三人”等理论和制度的了解不断深入,越来越多的学者从立法论的角度提出重构我国的无独立请求权第三人甚至整个第三人参加诉讼制度的各种方案。其中,比较具有代表性的主要学说有张卫平教授等提出的“原告型第三人”、“辅助型第三人”和“被告型第三

---

① 所谓“诈害防止参加”多见于国内学者翻译的日本民事诉讼法学教科书或者学术专著,意指《日本民事诉讼法典》第 47 条第 1 款所规定的“主张因诉讼之结果将导致权利受到侵害的情形”,是日本独立当事人参加的一种形态,与“权利主张参加”相对应。参见[日]新堂幸司:《新民事诉讼法》,林剑锋译,法律出版社 2008 年版,第 577～578 页。

② “义务性关系说”认为所谓法律上的利害关系就是指第三人可能因为一方当事人败诉而承担民事义务或赔偿责任;“权利义务关系说”是在批判“义务性关系说”的基础上发展起来的,其主张“法律上的利害关系”包括“义务性关系”、“权利性关系”和“权利义务性关系”三种类型。其中,“义务性关系”是指由于主当事人败诉,第三人需要承担败诉责任或者替代主当事人赔偿;“权利性关系”是指由于主当事人败诉,第三人可以依据其与主当事人的法律关系对其主张一定的权利;“权利义务性关系”是指由于主当事人败诉,第三人将对其承担一定的义务并享有一定的权利。柴发邦主编:《民事诉讼法学》,法律出版社 1987 年版,第 168 页;陈彬:《对无独立请求权的第三人参加诉讼若干问题的探讨》,载《法律科学》1989 年第 4 期。

人"类型划分；[①]肖建华教授提出的将无独立请求权第三人划分为"准独立第三人"和"辅助参加的第三人"以及蒲一苇教授提出的"权利参加型第三人"、"义务参加型第三人"和"辅助参加型第三人"类型划分等观点。[②] 不过，民事诉讼法学界提出的关于无独立请求权第三人参加诉讼制度的解释论和立法论观点都严格遵循第三人与本诉的案件处理结果存在法律上的利害关系这一前提，但尚未有任何一种学说能够取得学界较为一致的支持或形成广泛的共识。

在司法实践中，我国法院对于无独立请求权第三人主体范围的判断和认定也一直未能形成统一的标准。在 1991 年《民事诉讼法》公布实施后的若干年内，由于种种与当时社会条件相关的原因，法院在司法实务中往往有所谓"撒大网"的倾向，曾一度出现过滥列、乱列无独立请求权第三人现象的严重问题。为了遏制这种无序现象，1994 年最高人民法院出台了《关于在经济审判工作中严格执行〈中华人民共和国民事诉讼法〉的若干规定》，对法院通知无独立请求权第三人参加诉讼的行为进行限制。随后出台的《关于适用〈中华人民共和国合同法〉若干问题的解释（一）》、《关于审理劳动争议案件适用法律若干问题的解释》、《关于适用〈中华人民共和国公司法〉若干问题的规定（二）》以及《关于适用〈中华人民共和国公司法〉若干问题的规定（三）》也都对无独立请求权第三人的范围作出了进一步的规定。然而在司法实践中，法院对于无独立请求权第三人应当如何认定始终未形成统一的判断标准，各

---

① "引入第三方被告说"是由张晋红教授首先提出的，主张借鉴美国的引入第三人制度重构我国的无独立请求权第三人。张卫平教授在重构整个第三人制度体系时进一步提出"原告型第三人"、"被告型第三人"和"辅助型第三人"的划分。相关学说梳理可参见蒲一苇：《民事诉讼第三人制度研究》，厦门大学出版社 2009 年版，第 169 页。

② 张卫平：《"第三人"：类型划分及展开》，载张卫平主编：《民事程序法研究》（第 1 辑），中国法制出版社 2004 年版；肖建华：《论我国无独立请求权第三人制度的重构》，载《政法论坛》2000 年第 1 期；蒲一苇：《民事诉讼第三人制度研究》，厦门大学出版社 2009 年版，第 184～189 页。

地法院的做法也存在较大的差别，目前的情况可以说对这种诉讼参加从把握得比较宽泛到严格限制都可能存在。例如，最高人民法院的公报案例曾经确认作为债权债务纠纷一方当事人的公司之股东可以作为无独立请求权第三人参加诉讼，因为如果本诉认定当事人之间的债权债务关系成立，将影响股东的利润分配，因而股东与本案的诉讼结果有直接利害关系，可以作为无独立请求权第三人参加诉讼。① 由于本案原被告系关联企业，为了防止其串通损害第三人的利益，最高人民法院对于无独立请求权第三人的判断标准实际上把握得也比较宽泛，将案件的处理结果影响到其利益的第三人作为无独立请求权第三人。但最高人民法院仍然坚持在判决中被要求承担民事责任的无独立请求权第三人"应当与案件的法律关系有关联"②。在司法实践中，法院一般依据本诉当事人之间的实体法律关系与第三人和当事人之间实体法律关系存在的某种牵连性去判断是否将其列为无独立请求权的第三人，但究竟是何种程度的"牵连"却尚未形成体系性的规则。出于扩大承担民事责任的主体范围和"一次性解决纠纷"的目的，一些法院在部分案件中引入无独立请求权第三人往往会突破"法律上的利害关系"的限制；另外，采取更加谨慎的态度，以至于不轻易准许当事人引入诉外第三人的要求等情形也时时可见。

综上所述，理论研究的"学说分立"和司法实践的"尺度不一"构成了我国第三人参加诉讼制度的现状。但立法机关在建立第三人撤销之诉程序时所采取的立法技术为进一步规范和完善第三人参加诉讼制度提供了契机。具体而言，在理论上，我国有独立请求权第三人欠缺"诈害防止参加"这一重要类型，但在司法实践中此类案件却经常出现。第

---

① 裁判要旨及判决全书参见宁夏瀛海建材集团有限公司与宁夏瀛海银川建材有限公司、第三人中国石油宁夏化工厂债权纠纷案[(2010)民二终字第19号]，载《最高人民法院公报》2011年第7期。

② 最高人民法院民事审判一庭编：《〈中华人民共和国民事诉讼法〉修改条文理解与适用》，人民法院出版社2012年版，第102页。

三人撤销之诉程序使得此类案件中的第三人获得事后权利救济的机会，也将促使法院重新评估其参与诉讼的可能性。当然，为了避免突破现行法律规定，法院很可能采取更为模糊的处理方式——不区分有独立请求权第三人与无独立请求权第三人，直接通知或者允许其参加到诉讼之中[①]。对于无独立请求权第三人而言，提出申请或者由法院通知是其参加诉讼的两种方式。但我国现行法律并未规定法院对无独立请求权第三人申请参加诉讼予以驳回或者不予处理时的救济途径；也未对法院依职权通知无独立请求权第三人参加诉讼，但其拒绝参加情形下的法律效果作出规定。在第三人撤销之诉存在的前提下，如果无独立请求权第三人申请参加诉讼而法院未批准或者法院未能依职权通知其参加诉讼，则该第三人可能于事后提起撤销之诉；同时，若法院依职权发出通知，无独立请求权第三人无正当理由未参加诉讼的，则应排斥其于事后提起撤销之诉。综上所述，因为《民事诉讼法》第 59 条第 3 款采取了将第三人撤销之诉的适格原告与有独立请求权和无独立请求权第三人相关联的立法技术，进而使得我国第三人参加诉讼制度在解释论层面上的规范和完善具有可能性。

2.遏制虚假诉讼

目前，国内学界对于“虚假诉讼”的概念尚未形成较为统一的认识。在 2007 年之前学术界较多使用“诉讼欺诈”“恶意诉讼”等概念，“虚假诉讼”这一术语主要是近年来在司法实务界得到了广泛的使用。“虚假诉讼”主要用于描述某种特定的诉讼现象，各类相关研究的研究对象和侧重点各有不同，因此，对其界定也存在较大的差异。按照笔者的观点，虚假诉讼的概念界定大体可以区分为两种思路：一是作为一种社会现象的虚假诉讼；二是《民事诉讼法》第 115 条所规定的规范意义上的

---

① 目前，在笔者查阅到的适用《民事诉讼法》第 59 条的生效裁判文书中，人民法院一般都不会区分有独立请求权第三人与无独立请求权第三人，而是将其统一称为“第三人”。

虚假诉讼。①

首先，作为社会显现的“虚假诉讼”映射范围过宽，基本上无法与第三人撤销之诉形成有效的“对话”。《民事诉讼法》第115条所规定的虚假诉讼主要是指当事人之间恶意串通通过诉讼等方式侵害他人合法权益的情形，因此，我国的虚假诉讼与源于德国、日本民事诉讼法上的“诉讼欺诈”具有明显的区别。② 其次，“虚假诉讼”谋取的利益不宜一概界定为“非法”。“非法利益”是一种法律评价性的界定，其要求“虚假诉讼”行为人谋取的利益必须是在法律上可以评价的，但实际上很多当事人利用民事诉讼程序所获取的利益并没有办法界定为“非法利益”。最后，“虚假诉讼”不一定能够成功损害他人利益。损害国家、集体和第三人的合法权益虽然是多数虚假诉讼的外部特征，但并非所有的虚假诉讼行为都损害了他人的利益，比如在北京市实行机动车车牌摇号以及房产限购政策以后，有人通过“虚假诉讼”的方式过户车牌或者取得购房资格，这种行为只能够定义为侵害一定的国家社会管理秩序，并非损害国家利益的行为。此外，在“孙英杰兴奋剂案”中，国家体育总局并未因为法院的判决而改变对孙英杰的处罚决定，因此，不宜将造成他人利益损害的后果作为虚假诉讼成立的基本构成要件。我国在2012年修订《民事诉讼法》时增加这一程序的直接原因之一就是在司法实践中

---

① 刘君博:《论虚假诉讼的规范性质与程序架构》，载《当代法学》2019年第4期。

② 德国、日本民事诉讼法上的当事人“诈骗取得法院确定判决”也被称为“诉讼欺诈”，其本意是指当事人基于故意欺骗对方当事人或法院来获取确定判决的情形。参见[日]新堂幸司:《新民事诉讼法》，林剑锋译，法律出版社2008年版，第470页。

"虚假诉讼"现象频发。[①] 已有研究指出，审判监督程序已经成为《民事诉讼法》第115条适用的主要程序路径。[②] 从赋予被害人事后救济途径的视角出发，第三人撤销之诉确实能够发挥遏制部分虚假诉讼行为发生的功能。不过，仅就最高人民法院作出的第三人撤销之诉裁判情况进行分析，多数裁判结果与虚假诉讼无关。[③]

此外，在不存在特定被侵害人的虚假诉讼中，第三人撤销之诉实难发挥遏制功效。具体而言，我国的国家行政机关一方面在特定经营领域拥有大量的许可、审批权，另一方面在某些情形下也会直接采取行政手段而非市场经济手段调控社会经济的发展。比如，很多中心城市为了控制房地产、私家车保有量过快增长而采取限购措施，规定只有具有一定资格的消费者才能购房、购车。近年来，经常有某些消费者通过串通、虚构法律关系等方式提起虚假诉讼，意图借助法院的民事判决书或调解书取得相应的准入资格。在现行的民事法律框架内，处理侵害国家和社会管理秩序的虚假诉讼案件面对的最大困境是追诉主体不明确。各地的户籍管理机关、房产登记管理机关、工商行政管理机关乃至人民检察院，以上哪些主体能够作为适格原告提起撤销诉讼？我国目前的民事诉讼制度体系无法作出准确回答。这类虚假诉讼案件发生的根本原因又在于国家过多地以行政手段干预市场经济运作，即行政机关作出某些抽象行政行为本身的合法性都是值得质疑的。因此，解决

---

① 2012年8月27日在第十一届全国人民代表大会常务委员会第二十八次会议上通过的《全国人民代表大会法律委员会关于〈中华人民共和国民事诉讼法修正案(草案)〉审议结果的报告》中提出，设立第三人撤销之诉主要是因为在司法实践中，当事人利用恶意诉讼等手段损害案外人合法权益的现象日益突出，除应当适用妨害民事诉讼的强制措施遏制上述现象外，还应当在民事诉讼法中增加对案外被侵害人的救济渠道。

② 吴泽勇：《民事诉讼法理背景下的虚假诉讼规制——以〈民事诉讼法〉第112条的适用为中心》，载《交大法学》2017年第2期。

③ 李浩：《第三人撤销之诉抑或审判监督程序——受害债权人救济方式的反思与重构》，载《现代法学》2020年第5期。

此类问题不仅远远超出了第三人撤销之诉的功能预设，基本上也不在我国民事司法制度的能力范围之内。

3.实体利益救济与程序保障

第三人撤销之诉通过赋予案外第三人重启诉讼程序的机会，保护其合法的实体利益是制度设计的题中之意，笔者不作过多赘述。而第三人的程序权保障功能同样源自邱联恭教授所倡导的新程序保障论。按照我国台湾地区“立法理由”中的阐述，“惟实际上第三人未必恒受参与诉讼程序之机会，倘其系非因可归责于己之事由致未获得该机会，而未参与诉讼程序，则强令其忍受不利判决效力之拘束，即无异剥夺其诉讼权、财产权。故为贯彻程序权保障之要求，应使该第三人于保护其权益之必要范围内，得请求撤销原确定判决”。按此观点，第三人实体权益的救济、原审裁判效力的变动都是“程序权保障”之下的间接或者副次性效果。程序主体基于程序处分权的行使，也可能选择优先追求程序利益（其认为不起诉更为省时省力）而不提起第三人撤销之诉，此时，原审判决的效力就得到了维持。[①]

邱联恭教授的程序保障论无疑具有极大的理论魅力，我国台湾地区民事诉讼上的职权通知、第三人撤销之诉均是在其理论指导下增加的制度设计；邱联恭教授理论的特点在于侧重程序、侧重当事人（相对于法院而言）。其实，从民事诉讼最基础的处分原则出发，当事人对诉讼程序的启动、中止和退出都具有处分权。当立法者将某项诉讼程序规定在法律条文之中，也就意味着将该程序的处分权赋予了一切潜在的当事人。在此意义上，第三人撤销之诉固然具有程序权保障的价值，但这项制度功能并非其所特有。但从赋予未获机会参加前诉讼的第三人事后救济途径的角度来看，第三人撤销之诉的程序权保障功能当然实至名归。

---

① 邱联恭：《口述民事诉讼法讲义（三）》，2012 年自印版，第 344 页。

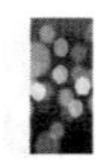

4.纠正错误裁判

与前三项制度功能不同,第三人撤销之诉是否具有纠正错误裁判的功能存在较大的争议。我国台湾地区在"立法"上未将纠正错误裁判作为其应有的制度功能,反映在立法技术上就是判决效力相对性原则的采纳——即使原审判决被撤销,原审判决在原当事人之间仍然保留效力。在我国台湾地区,只有陈荣宗教授明确表示质疑以程序保障作为第三人,撤销之诉程序的理论基础和立法目的是否妥当。陈荣宗教授主张,如果他人之间诉讼的判决效力及于第三人,进而使第三人的权益受到侵害,但这个判决的结果在客观上是"正确而合于法律正义"时,第三人也不能够以未受到程序保障为由将其推翻。只有在证实原审判决错误的前提下,第三人撤销之诉才能获得胜诉判决。所以,第三人撤销之诉的目的和功能与再审程序相同,应该是确保判决的正确性进而保护受害第三人的权利。①

我国《民事诉讼法》第59条第3款直接将发生法律效力的裁判内容部分或全部错误作为第三人撤销之诉的胜诉要件。因此,纠正裁判错误是我国立法机关为第三人撤销之诉程序所预设的制度功能之一。是否应当将纠正裁判错误作为第三人撤销之诉的主要功能之一不只是单纯的立法选择和制度设计的问题,其背后所反映的是认识论上的差异。在我国的诉讼观念中,"有错必纠"是包括私法领域在内的一切法律制度的指导思想,这也是第三人撤销之诉、审判监督程序等制度设计存在的最大正当性所在。因此,纠正错误裁判可以称为我国第三人撤销之诉特有的功能。

但在我国台湾地区的司法实践中,特别是在涉及民商事利益纠纷的案件中,法官往往会以原生效裁判错误作为支持第三人撤销之诉的

---

① 陈荣宗等:《第三人撤销诉讼之原告与当事人适格》,载民事诉讼法研究基金会编:《民事诉讼法之研讨(十三)》,台湾三民书局2006年版,第88～89页。

主要理由[①]；相反，如果原生效裁判并无错误，法官则往往会驳回第三人撤销之诉。法官所采取的“现实主义”的立场一方面是源于针对特殊救济程序的审慎态度，另一方面也是第三人撤销之诉案件的纠纷复杂性使然。

---

① 以我国台湾地区“最高法院”2006 年度台上 1068 号裁定、高等法院台中分院 2003 年度撤字第 1 号判决为例，在此案中，被撤销的台湾地区高等法院台中分院 2002 年度续字第 1 号判决本身即属于无效判决。

第二章

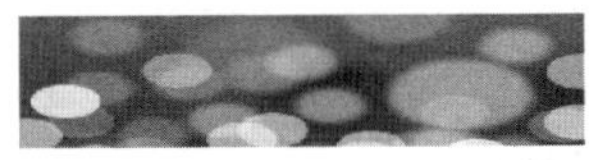

裁判效力的规范化与案外人救济程序

承前章所述，第三人撤销之诉虽然在理论基础和制度功能上存在一定优势和独特之处，但并不必然成为我国民事诉讼相关制度设计中唯一的立法选择。第三人撤销之诉制度的必要性固然已经受到学界和司法实务界的广泛认可，但第三人撤销之诉程序运行与遏制虚假诉讼的关系、与其他案外人救济程序的竞合以及其程序自身规范要件的适用等问题均有待进一步深入辨析和讨论。

特别是在《民诉法解释》第 247 条确立了以“当事人、诉讼标的、诉讼请求”作为禁止重复起诉以及“一事不再理”的识别标准后，民事判决的效力范围在解释论层面上获得了更大的发展空间。[①] 尽管学界对此议题的分歧颇深，但《民诉法解释》第 93 条以及第 247 条却使得裁判效力的体系化建构具有了现实可行性。以此为基础，包括第三人撤销之

① 其中具有代表性的成果可参见张卫平：《重复诉讼规制研究：兼论“一事不再理”》，载《中国法学》2015 年第 2 期；王亚新、陈晓彤：《前诉裁判对后诉的影响——〈民诉法解释〉第 93 条和第 247 条解析》，载《华东政法大学学报》2015 年第 6 期；林剑锋：《既判力相对性原则在我国制度化的现状与障碍》，载《现代法学》2016 年第 1 期；夏璇：《论民事重复起诉的识别及规制》，载《法律科学》2016 年第 2 期；陈杭平：《诉讼标的理论的新范式——“相对化”与我国民事审判实务》，载《法学研究》2016 年第 4 期；卜元石：《重复诉讼禁止及其在知识产权民事纠纷中的应用——基本概念解析、重塑与案例群形成》，载《法学研究》2017 年第 3 期；严仁群：《既判力客观范围之新进展》，载《中外法学》2017 年第 2 期。

诉在内的案外人救济程序的规范适用也可以向着某种体系化的方向进行收敛。

一、裁判效力的规范化

民事诉讼的裁判既是对当事人诉讼请求的回应,也是人民法院行使审判权的方式。在现代法治国家,裁判效力最重要的意义就是通过终局性来化解纠纷,明确当事人之间的权利边界,恢复私法秩序。传统大陆法系的判决效力理论体系一般按照其效力作用的内容和范围划分为既判力、执行力、形成力、争点效、反射效等不同概念。我国学界对前述判决效力理论的继受和消化已经持续了多年。法解释学或法教义学的核心任务是为本国的法律适用提供体系化的解释方案。包括第三人撤销之诉在内的案外人救济程序必须正面回应的理论质疑就是原诉讼裁判效力的主观范围与救济配置如何协调。

1.既判力主观范围的扩张

按照既判力相对性原则的要求,在诉讼标的同一的前提下,既判力原则上仅拘束诉讼的当事人。[①] 在此命题下,受到生效判决既判力拘束的当事人只能在符合法定事由的前提下,方可以通过提出再审之诉的方式去挑战既判力;不受到判决既判力拘束的第三人、案外人均可以通过另行提起诉讼的方式维护自己的权利。考虑到民事主体行使诉讼权利的便利性、诉讼过程中法律关系的变动情况以及法律关系本身的复杂性等情况,域外立法上一般将诉讼担当、权利继受以及对世效等情形规定为既判力主观范围扩张的依据。

① 姜世明:《民事诉讼法》(下册),新学林出版股份有限公司 2014 年版,第 277～278 页。

目前,我国民事诉讼司法实践中所承认的既判力主观范围扩张主要包括如下情形:一是权利义务关系的继受人。按照《民诉法解释》第249条的规定,受让诉争权利义务关系的受让人受到裁判效力的拘束。二是诉讼担当情形下的被担当人。在理论上,按照诉讼担当产生的原因,可以将诉讼担当区分为法定诉讼担当和任意诉讼担当。例如,按照《民法典》第43条和第1147条、《公司法》第184条、《企业破产法》第25条等的规定,财产代管人、遗产管理人、清算组、破产管理人均可以以自己的名义起诉或者应诉,属于法定的诉讼担当人;而《民事诉讼法》第56条、第57条规定的代表人诉讼以及著作权集体管理组织等一般被认为是任意的诉讼担当人。[①] 三是受到对世效影响的民事主体。我国现行《民事诉讼法》以及司法解释对既判力的对世效力并未进行规定,但司法实践中普遍承认在涉及身份关系诉讼、公司关系诉讼等情形下,相关利害关系人直接受到判决效力的拘束。此外,对于域外学界普遍认可的"标的物持有人",我国司法实践一般是通过对《民事诉讼法》第256条中规定的协助执行义务的履行"反推"出财物或票证持有人亦受到判决效力的拘束。

2.预决效力的主观范围

预决效力的内涵和外延在我国民事诉讼法学界以及实务界都存在一定的争议。以前、后诉所处理的诉讼标的为限,不同诉讼主体之间的实体法律关系经常存在某种牵连关系,尽管通过共同诉讼、第三人参加诉讼等制度在一定程度上可以缓解矛盾裁判的问题,但是在当事人行使程序选择权的前提下,倘若不承认某些诉讼主体不同、诉讼标的也不同的前后诉裁判之间存在某种决定性效力,则会造成私法秩序的紊乱。我国在立法和司法实践中虽然并未承认既判力的第三人效力、反射效、

① 肖建国、黄忠顺:《任意诉讼担当的类型化分析》,载《北京科技大学学报》2009年第1期;纪格非:《功能论视角下任意诉讼担当的类型研究》,载《东方法学》2020年第2期。

请求或争点排除效等概念，但通过对《民诉法解释》第93条的整理，我们仍然可以将前诉裁判对案外人的效力限定在诉讼标的同一或者具有先决性两种情况来进行讨论。

其实，争议最大的就是前后诉讼中诉的标的同一的情形，案外人是否受到前诉裁判效力影响的问题。如果前后诉讼标的完全相同，除了有法定的既判力扩张情形之外，案外人原则上不应当受到前诉裁判的任何拘束。但正如前文所述，考虑到我国实体法律关系的复杂性以及权责界限、财产登记制度的现实情况，为了统一实体法律秩序，也应当承认部分裁判对案外人亦具有直接的预决效力。[①] 对于前后诉讼标的存在先决性关系的情况，预决效力作用的范围和层次可能更为复杂。比如涉及保证关系纠纷、保险关系纠纷、夫妻共同债务纠纷、追偿权纠纷等情形，前诉判决对后诉裁判的影响可能稍弱，但也需要由提出相反主张的当事人承担推翻前诉裁判结果的证明责任。

3.证明效力的主观范围

基于同一事实或同种类事实的发生，前后诉客体也会存在一定的事实层面的牵连关系，当然，这种效力相较于前述既判力主观范围的扩张以及预决效力的情况要微弱很多。例如，在不真正连带责任纠纷、按份责任纠纷以及数人侵权纠纷案件中，经常会出现前诉裁判认定事实效力的扩张适用现象。因为此类效力相对较为微弱，在一般实践中可以将其作为证据材料和间接事实加以评价即可。

---

① 正如部分学者所指出的，在诉讼标的同一的情况下，前诉裁判对案外人预决效是最强的事实影响。陈晓彤：《比较法视角下中国判决效力体系化研究》，中国社会科学出版社2020年版，第313页。

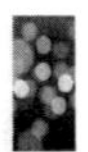

二、案外人救济程序的模式选择

立足于事后的程序保障，案外人救济程序的制度设计主要有三种立法例，即案外人另行起诉、提起再审之诉和第三人撤销之诉。在2012年修订《民事诉讼法》的立法过程中，有关机关和学者也曾经提出过多种案外第三人权利救济的立法建议。[①] 其中，案外人提起再审之诉和独立的第三人撤销之诉是当时修法过程中讨论得比较集中的两个方案。第一种方案以最高人民法院的立法建议为代表，即考虑到我国诉讼程序体系、诉讼传统和救济的现实需求等三方面因素，建议在现有再审程序基础上建立第三人申请再审程序，赋予与诉讼标的或者裁判结果有法律上利害关系的案外人在因不能归责于己的情形下未参加诉讼，又有证据证明生效裁判损害其合法利益的条件下可以向原审法院申请再审。[②] 第二种方案则为部分学者和司法实务界人士所倡导，即借鉴法国的立法例建立单独的第三人撤销之诉程序。江伟、杨荣馨和张卫平三位教授在分别主持的"专家建议稿"中都曾提出过在"特别救济程序"或者"再审之诉"之后规定"第三人撤销之诉"或"案外人撤销之诉"的立法建议。[③] 如果以对案外人提供的程序保障的强度刻画一个数轴，以数轴上的不同位置来表示独立提起后诉、案外人申请再审和第

---

① 全国人大常委会法制工作委员会民法室编：《民事诉讼法立法背景与观点全集》，法律出版社2012年版，第338～340、343页。

② 江必新：《民事诉讼新制度讲义》，法律出版社2013年版，第126～127页。

③ 江伟：《〈中华人民共和国民事诉讼法〉修改建议稿（第三稿）及立法理由》，人民法院出版社2005年版，第295页；杨荣馨：《〈中华人民共和国民事诉讼法〉（专家建议稿）立法理由与立法意义》，清华大学出版社2012年版，第199～201页；张卫平：《〈中华人民共和国民事诉讼法〉修改建议稿（修订第四稿）》，载张卫平主编：《民事程序法研究》（第7辑），厦门大学出版社2011年版，第388～392页。

三人撤销之诉所提供的保障强度，那么独立提起后诉与第三人撤销之诉无疑是位于数轴的两端，而案外人申请再审则处于中间位置。

1.案外人独立提起后诉

案外人独立提起后诉直接源于既判力的相对性原则，其严格意义上并不是一种单独的事后救济程序。根据既判力主观范围理论，既判力原则上仅及于当事人，仅在例外情形下才延伸及于第三人。德国的民事诉讼法学教材中也曾指出，“如果判决仅仅是为了第三人或者针对第三人有效，则既判力延伸仅限于以下情形，即判决具体地在这里对他发生有利效果，在那里对他发生不利效果”[①]。按照德国柏林高等法院法官卡特琳·爱勒娜·舜博尔格女士的介绍，第三人如果对他人之间的诉讼标的有利益可以重新提起诉讼解决，而不能通过再审或者其他程序撤销已经发生法律效力的判决，她举例说明：

B 向 A 主张对某物有所有权，法院根据 A、B 两人提供的证据判决 B 享有所有权；而后，C 又向 A 主张对该物拥有所有权，法院根据 A、C 两人提供的证据判决 C 享有所有权。此时出现两个都发生法律效力但内容不同的判决，如果 B 已经通过法院执行完毕，C 无法通过执行程序获得诉争物，只能向 A 请求损害赔偿；如果 B 尚在执行过程中，C 可以通过执行异议之诉阻止法院向 B 执行，阻却执行后，C 可以 B 为被告提起诉讼确定该诉争物的归属。[②]

德国学界和司法实务界对于既判力原则都极为重视，以上述案件为例，法院前后作出的对标的物所有权为不同认定的判决并不矛盾，因为前一判决的既判力只及于 A 和 B，后一判决的既判力只及于 A 和 C。未参加诉讼的第三人可以通过在提起后诉中提出不受前诉的判决

---

① [德]罗森贝克、施瓦布、戈特瓦尔德：《德国民事诉讼法》，李大雪译，中国法制出版社 2007 年版，第 1175 页。

② 全国人大常委会法制工作委员会民法室编：《民事诉讼法立法背景与观点全集》，法律出版社 2012 年版，第 237 页。

效力所及的主张进而保护自己的利益。任重博士将德国民事诉讼法对于案外第三人权益保护的措施归纳为三个层次:第一层次为既判力主观范围的相对性;第二层次为强制执行程序中的抗议、即时抗告和第三人异议之诉;第三层次保障为以德国民法典中的“返还请求权”、“不当得利返还请求权”及“侵权损害赔偿请求权”为基础的另行起诉制度。[①]

黄国昌博士在讨论各种制度模式下第三人程序保障的强度问题时就曾指出,法院在应当赋予第三人参与诉讼机会时却未为诉讼告知,则该第三人不受到前诉判决效力的拘束,可以在独立提起的后诉中提出与前诉判决内容相反或者相异的主张(即判决效力相对性抗辩)。此种模式对于第三人的程序保障较为优厚,而且在此种模式下第三人撤销之诉就没有存在的必要。[②] 但要想实现通过独立提起后诉的方式维护案外人利益,除了需要司法机关对于判决效力相对性原则的贯彻,还有赖于民商事实体法、执行救济程序以及产权登记、个人信用体系等多方面法律和制度体系的配合。一般而言,债务履行应当由债权人选择履行方式,而债务人不享有以金钱损害赔偿替代交付特定物的控制权限。要求案外第三人以损害赔偿请求权替代返还特定物请求权已属不妥,而且在当事人故意串通损害案外人的前提下,案外人的金钱损害赔偿请求权也无法真正实现。[③]

2.案外人申请再审

再审程序的适格原告应当是受到确定判决效力拘束且具有要求撤

---

① 任重:《案外第三人权益保护:德国制度与理论》,载中国民事诉讼法学研究会编:《中国民事诉讼法学研究会 2013 年年会论文集》(上册),自印版,第 319～329 页。

② 黄国昌:《第三人撤销诉讼——受判决效力所及第三人之事后程序保障机制》,载黄国昌:《民事诉讼理论之新开展》,北京大学出版社 2008 年版,第 298、300 页。

③ 黄国昌:《第三人撤销诉讼之原告适格——评最近出现之二个裁判实例》,载《月旦法学杂志》2006 年总第 139 期。

销判决利益的人,原则上是确定判决的当事人。但是在日本,在判决效力及于第三人的情形下,享有撤销判决固有利益的第三人也能够成为再审程序的适格原告,可以以独立参加的形式以本诉的双方当事人为共同被告;对于当事人双方串通欺诈第三人的判决,第三人也可以以此为由提起再审之诉。[①] 2003 年,我国台湾地区修订"民事诉讼法"确立第三人撤销诉讼程序后也有学者提出,如果能够借鉴日本民事诉讼法,扩张再审之诉的申请主体和再审事由的范围,允许未参加前诉讼的有法律上利害关系的第三人提起再审之诉,那么就没有创设第三人撤销诉讼的必要。[②]

与案外人独立提起后诉和第三人撤销之诉相较而言,案外人申请再审程序无疑是一种折中的制度设计。一方面,允许案外人挑战生效裁判就意味着生效裁判的效力扩大及于未参加诉讼的民事主体,提升了诉讼制度解决纠纷的能力;另一方面,案外人依然需要利用再审之诉来维护自己的权益,又表明可以通过适格主体、诉讼利益、再审事由等要件限制该程序的频繁使用。作为折中学说,案外人申请再审的主要困境来自再审之诉理论和逻辑上的不自洽。再审之诉在构造上需要确定具有特定的再审事由,即必须限于对原诉讼标的法律关系的审理,因此,再审之诉的原告在理论上就必须以原诉讼标的法律关系的适格当事人为限。[③] 概言之,再审之诉是专为原诉讼当事人提供的特殊救济程序,原诉讼当事人已经经历过一审、二审甚至三审诉讼,启动再审之

---

① [日]新堂幸司:《新民事诉讼法》,林剑锋译,法律出版社 2008 年版,第 669 页。

② 骆永家等:《诉讼参加与再审诉讼》,载民事诉讼法研究基金会编:《民事诉讼法之研讨(十三)》,台湾三民书局 2006 年版,第 14～15 页;魏大亮:《第三人撤销诉讼——判决效扩张之程序权保障》,载骆永家教授七秩华诞祝寿论文集编辑委员会编:《迈入二十一世纪之民事法学研究:骆永家教授七秩华诞祝寿论文集》,台湾元照出版公司 2006 年版,第 121～123 页。

③ 黄国昌:《第三人撤销诉讼之原告适格——评最近出现之二个裁判实例》,载《月旦法学杂志》2006 年总第 139 期。

诉必须有法定事由；而案外人申请再审则是为了保护案外人的利益而在再审之诉基础上所作的“扩张解释”，故而在理论上无法完全融合。

早在 2005 年底，最高人民法院在向全国人大常委会法工委提交的《关于保障当事人申请再审、维护司法公正的决定（送审稿）》中就曾提出过建立案外人申请再审的建议，但经过反复沟通，最终 2007 年《民事诉讼法》修正案还是采取了第 204 条（现第 234 条）的制度设计。[①] 随着司法实践中虚假诉讼等行为愈演愈烈，最高人民法院通过司法解释的方式以既有的案外人异议及案外人异议之诉程序为依托，建立起了我国的案外人申请再审程序。2008 年《关于适用审判监督程序的解释》第 5 条规定，案外人对原判决、裁定、调解书确定的执行标的物主张权利，且无法提起新的诉讼解决争议的，可以在判决、裁定、调解书发生法律效力后 2 年内，或者自知道或应当知道利益被损害之日起 3 个月内，向作出原判决、裁定、调解书的人民法院的上一级人民法院申请再审。最高人民法院通过扩张解释的方式代行“立法权”当然存在一定的合宪性和正当性的问题，但确实也反映出虚假诉讼损害案外人利益等问题的严重性。

正如部分学者所指出的，在我国的司法实践中，存在着两种类型的案外人申请再审：一是执行程序外的案外人申请再审；二是执行程序中的案外人申请再审。其中，执行程序外的案外人申请再审必须满足以下条件：案外人对原判决、裁定、调解书确定的执行标的物主张权利，且无法提起新的诉讼解决争议的，可以在判决、裁定、调解书发生法律效力后的 2 年内，或者自知道或应当知道利益被损害之日起 3 个月内，向作出原判决、裁定、调解书的人民法院的上一级人民法院申请再审。而执行程序中的案外人申请再审则是在执行过程中，案外人对执行标的提出书面异议，人民法院经审查认为理由不成立的，裁定驳回。案外人

---

① 江必新：《民事诉讼新制度讲义》，法律出版社 2013 年版，第 124～125 页。

对裁定不服进而提起再审申请。[①]

实际上从2008年开始直到2012年修法增加第三人撤销之诉前，案外人申请再审在我国司法实践中已经实施4年有余。但必须指出的是，最高人民法院对案外人直接申请再审的态度是极为谨慎的，将适格主体的范围限定于对“执行标的物”主张权利的案外人。按照肖建国教授的观点，案外人对“执行标的物”所能够主张的权利类型可以是“所有权或者其他阻止标的物转让、交付的权利”。结合民法的规定，肖教授认为，案外人主张受到侵害的权利或者足以排除强制执行的权利，主要包括所有权、用益物权、担保物权、占有、孳息收取权、债权、依法保全的标的物等。[②] 但也有来自司法实务界人士的观点，部分学者认为，2008年《关于适用审判监督程序的解释》第5条所规定的案外人对执行标的物所主张权利应限定为物权中的所有权和准所有权，不宜扩张理解为包括债权、占有等情形。[③] 在司法实践中，各地法院对于“执行标的物”是否限于“特定物”的理解并不统一，但认为案外人对执行标的物所主张的权利类型一般限于物权。[④] 此外，在区分案外人申请再审与案外人独立提起后诉的功能上，法院实际上采取的是一种“现实主义”的立场。所谓“无法提起新的诉讼解决争议”就是判断案外人所主张的权利与原生效裁判确定的权利义务是否存在冲突，即案外人主张的权利是否以原生效文书的错误为基础；反之，倘若案外人主张的权利可以与原

---

① 肖建国：《论案外人申请再审的制度价值与程序设计》，载《法学杂志》2009年第9期；卢正敏：《论案外人申请再审制度中的适格案外人》，载《厦门大学学报(哲学社会科学版)》2012年第1期。

② 肖建国：《论案外人申请再审的制度价值与程序设计》，载《法学杂志》2009年第9期。

③ 华双根：《案外人申请再审主体资格问题探析》，载《人民法院报》2009年9月18日第6版；易新华：《案外人申请再审中几个问题的解决》，载《人民法院报》2010年9月1日第8版。

④ 吴泽勇：《第三人撤销之诉的原告适格》，载《法学研究》2014年第3期。

生效法律文书并存无碍，则应当提起新诉。[①]

根据既有资料和2012年修法时最高人民法院所提出的方案，不难推测出最高人民法院出台《关于适用审判监督程序的解释》时所持的立场和对赋予案外人事后救济途径的态度。正如肖建国教授所指出的，原《民事诉讼法》第204条（现第234条）将案外人申请再审规定在执行程序本身就是暗示二者存在特定的内在联系，而司法解释所采取的模糊性表述更带有“为司法实践积累经验、进行实验性的制度选择提供契机”的含义。[②] 来自最高人民法院的孙茜法官在民事诉讼法典修法正在进行中时发表在2012年第6期《法律适用》上的文章则更为明确地表明了最高人民法院的立场：一方面，现行《民事诉讼法》所提供的救济途径只有案外人提出执行异议[③]、人民法院依职权启动再审、检察机关提出抗诉三种途径；另一方面，明确提出以案外人申请再审的方式建立事后救济途径。适格案外人应当“与诉讼标的或案件处理结果有法律上利害关系”，而且孙法官进一步提出，“如果认为侵害案外人债权的行为难以认定，而侵害案外人身份权的行为较少”，可以先行规范受侵害案外人物权救济的情形。[④] 因此，最高人民法院通过《关于适用审判监督程序的解释》所确立的案外人申请再审程序更多地带有一种试验性的意味，最高人民法院对其适用极为谨慎。

3.第三人撤销之诉

承前所述，第三人撤销之诉的制度渊源主要是基于意大利、法国等实体与程序并非严格界分的罗马法传统。与德国不同，法国的既判力

---

① 吴泽勇：《第三人撤销之诉的原告适格》，载《法学研究》2014年第3期。

② 肖建国：《论案外人申请再审的制度价值与程序设计》，载《法学杂志》2009年第9期。

③ 最高人民法院并未把司法解释已经确认的“案外人申请再审”纳入其中，也可以反映其谨慎的态度。

④ 孙茜：《案外人申请再审制度的完善》，载《法律适用》2012年第6期。

制度规定在《民法典》第1351条中，是属于“由法律确定的推定”。前后的两个诉讼，当它们满足“当事人同一、当事人是以同一的资格进行诉讼、诉讼是基于同一的原因、诉讼标的同一”的条件时，后一诉讼会因前一诉讼判决的既判力而被不予受理。仅从法律规范内容上比较，法国的既判力主观范围并不宽于德、日等国。而且在再审之诉中，再审申请只能由原判决的当事人或被代理人提出。① 但我国台湾地区也有学者提出，法国既判力的主观范围是由民法观点从宽解释当事人的范围。法国传统理论将既判力定位为实体法效力，与契约类似，所以与当事人有实体法上密切关系的第三人在一定条件下均受到判决效力的影响。② 因此，在法国民事诉讼中，实际上是以第三人撤销之诉来弥补因再审之诉适格主体范围狭小而造成的救济功能不足。

我国台湾地区第三人撤销之诉的适格原告范围要比法国小得多，这主要是我国台湾地区出于慎重的考虑有意为之的结果。③ 但出于协调不同诉讼程序的制度功能，为案外人提供救济渠道的考虑，台湾地区有学者还是建议应当将不能通过再审之诉获得救济的诈害诉讼被害人也纳入第三人撤销之诉的适格主体范围。④

我国大陆学界在2003年台湾地区修订“民事诉讼法”后才开始关注和讨论第三人撤销之诉的理论和制度建构。应该说这一时机恰好与我国大陆民事司法改革的转向相契合。20世纪90年代高歌猛进的司法改革带来的不良后果开始凸显：公众对审判机关存在着不信任、纠纷

---

① 《法国新民事诉讼法典》(上、下册)，罗结珍译，法律出版社2008年版，第648页。

② 吕太郎：《第三人撤销之诉——所谓有法律上利害关系之第三人》，载《月旦法学杂志》2003年总第99(8)期。

③ 台湾地区“司法院”编印：《“司法院”民事诉讼法研究修正资料汇编(十)》，1994年自印版，第379～380页。

④ 黄国昌：《第三人撤销诉讼——受判决效力所及第三人之事后程序保障机制》，载黄国昌：《民事诉讼理论之新开展》，北京大学出版社2008年版，第314～315页。

解决的效率低下等问题成为困扰司法程序运作的顽疾。在民事诉讼领域，部分学者开始反思当事人主义、诉讼标的理论、既判力理论等以德国、日本为代表的大陆法系民事诉讼概念和理论体系对于我国司法实践的现实意义究竟在哪里。有学者甚至提出过分精细和复杂化的理论是否已经成为"屠龙之术"，与我国的司法实践渐行渐远。[①] 在此背景下，与域外学界的研究进路不同，我国学界对于第三人撤销之诉立法论的讨论和制度设计一开始就建立在对大陆法系的判决效力（包括既判力）、处分原则和辩论原则等基础理论的反思和再认识的基础之上。

特别是在判决效力方面，有学者主张现代民事诉讼基于维护纠纷解决的统一性和法院裁判权威性的考虑，判决效力扩张是发展趋势。在发生判决效力扩张的情形下，既判力主观范围扩张会影响到诉讼标的的继受人、标的物持有人、诉讼担当的被担当人等主体；判决的形成力和"反射效"也会影响部分案外第三人。[②]

当事人主义诉讼模式下的处分原则和辩论原则所具有的局限性和缺陷是构建第三人撤销之诉的另一个重要理由。处分原则主要体现为，民事诉讼只能因当事人行使诉权而开始，因当事人自主的撤诉行为而结束。诉讼程序开始后，原告可以放弃诉讼请求或者变更诉讼请求，被告可以承认、反驳诉讼请求；被告有权提起反诉；双方可以自行和解，也可以提请调解。提出什么样的诉讼请求以及请求的范围由当事人自己决定。通说认为，辩论原则主要包括：直接决定法律效果发生或消灭的必要事实必须在当事人的辩论中出现；法院应将当事人之间无争议的事实作为判决的事实依据；法院对证据的调查只限于双方当事人在辩论中所提出的事实。[③] 基于私法意思自治的考虑，当事人主义模式下当事人拥有很大的处分权，可以利用放弃诉讼请求、主动为不利自

---

① 吴英姿：《诉讼标的理论"内卷化"批判》，载《中国法学》2011年第2期。

② 肖建华、杨兵：《论第三人撤销之诉——兼论民事诉讼再审制度的改造》，载《云南大学学报（法学版）》2006年第4期。

③ 张卫平：《民事诉讼法》，法律出版社2019年第5版，第45页。

认、达成调解协议等方式损害案外第三人的合法权益。[①]

综上所述，建立在对既判力相对性原则和当事人主义诉讼模式反思的基础上，学界部分学者提出了借鉴法国的立法例，引入独立的第三人撤销之诉为受到判决效力扩张所及而又未获机会参加到诉讼程序的案外第三人提供事后的救济途径。

4.案外人救济模式的比较分析

上述三种事后救济程序模式并无优劣之分，各个国家和地区在作出立法选择时也是根据本国/地区的法律传统、配套制度的完备情况[②]进行取舍的。我国学者曾经根据管辖法院、审理范围、判决效力等方面的差异，将第三人撤销之诉划分为再审型、上诉型、复合型、独立型等四种类型。[③] 上述划分标准更多着眼于具体程序安排和设计上的不同。但从制度目的和适用范围等宏观层面观察，笔者认为，案外人申请再审与第三人撤销之诉仅仅是“开放程度”上的差异，并不存在本质上的差别。

具体而言，德国采取案外人提起独立后诉的方式比较符合其尊重概念体系的法解释学传统，而且在民商事实体法相对完善、细致，推行律师强制代理制度，社会信用体系健全的前提下，当事人很难通过虚假诉讼、恶意诉讼等方式谋取到不正当利益。与各国/地区相较而言，法国的法院体系十分复杂，保留了浓厚的罗马法色彩——民法与民事诉讼法并未严格区分，因此，一个更为开放的第三人撤销之诉程序有助于

---

① 肖建华、杨兵：《论第三人撤销之诉——兼论民事诉讼再审制度的改造》，载《云南大学学报(法学版)》2006 年第 4 期；胡军辉、廖永安：《论案外第三人撤销之诉》，载《政治与法律》2007 年第 5 期。

② 在德国，法院对于恶意诉讼虽然无权处罚，但可以直接判决当事人败诉；法官还可以依职权将案件移送检察机关侦办。全国人大常委会法制工作委员会民法室编：《民事诉讼法立法背景与观点全集》，法律出版社 2012 年版，第 236 页。

③ 胡军辉、廖永安：《论案外第三人撤销之诉》，载《政治与法律》2007 年第 5 期。

保护案外人不受到不同法院体系下生效裁判的不利影响。日本的旧民事诉讼法是综合借鉴德国和法国的立法例糅合而成的，时至今日，很多程序和制度仍然保留着这种综合借鉴的烙印。因此，日本适度扩大再审之诉的适格原告，将诈害诉讼的被害人以及受到判决效力所及的第三人均纳入其中。就制度功能和适用范围而言，我国台湾地区第三人撤销之诉程序反而和日本的案外人申请再审更为接近，特别是台湾地区第三人撤销之诉在具体程序设计上大量准用再审之诉的相关法律规范。所以，笔者认为案外人申请再审与第三人撤销之诉之间并不存在一条泾渭分明的界限。当然，各个国家和地区为这一程序本身所预设的功能和相关配套制度也存在较大的差异。

需要特别注意的是，仅就构成要件而言，《民事诉讼法》第 59 条第 3 款其实并未采纳上述任何一种事后救济程序模式，而是在已有的有独立请求权和无独立请求权第三人参加诉讼制度的基础上，以事后纠错、维护案外人合法权益的方式建立起我国的第三人撤销之诉程序。经过 2015 年《民诉法解释》实施后近 7 年的司法裁判经验积累，我国第三人撤销之诉程序已经形成了特有的运行模式，当然也提出了不少解释论上的疑难问题亟待回应。

三、第三人撤销之诉与相关程序的界分

作为整个民事诉讼制度体系中的一环，第三人撤销之诉必须与其他救济程序协调一致才能实现立法目的，进而在司法实践中正常运行。虽然《民事诉讼法》选择了第三人撤销之诉作为案外人事后救济的主要途径，但第三人撤销之诉仍与案外人另行提起后诉、案外人申请再审以及执行救济程序中案外人异议之诉界定各自的功能边界。

1.第三人撤销之诉与案外人另行起诉

第三人撤销之诉与既判力理论下另行起诉的关系是必须首先澄清的问题。既判力理论的重要意义就在于维护了司法裁判的终局性和权威性。在传统的大陆法系国家和地区，第三人撤销之诉与既判力理论下的另行起诉之间是界限分明、相互支撑的。能够提起第三人撤销之诉的适格当事人主要是因为与原诉讼当事人之间存在特定的民事法律关系，因而利益受到损害才必须撤销已经生效的裁判。如果当事人可以通过另行起诉维护其合法权益，那么他就不应该提起第三人撤销之诉。

有学者提出，2012年《民事诉讼法》在未增设第三人撤销之诉的情况下，未参加诉讼的第三人（包括有独立请求权和无独立请求权第三人）可以依法另行起诉；但在增加了第三人撤销之诉之后，第三人未参加诉讼又符合第59条第3款规定时，两种救济方式是并列关系还是排斥关系是存疑的。在不符合第59条第3款规定时，第三人可以另行起诉维护自己的权益。① 吴泽勇教授则认为第三人撤销之诉规定在《民事诉讼法》的总则之中表明它本身即属于另行起诉的一种，第三人撤销之诉与另行起诉的区分就在于当事人的请求是否以撤销原生效裁判作为前提。② 笔者认为，原审裁判是否确为错误裁判应当予以撤销需要经过实体审理才能认定。在起诉审查阶段，主要还是应当审查原告提起第三人撤销之诉主张撤销或改变生效裁判对救济其合法权益是否属于必要。

在我国，因为立法和司法实践中一直没有严格贯彻既判力相对性原则，司法实务工作者大都认为既判力主观范围相对性原则对于普通

---

① 刘学在：《第三人撤销之诉的几点思考》，载中国民事诉讼法学研究会编：《中国民事诉讼法学研究会2013年年会论文集》（上册），2013年自印版，第304～310页。

② 吴泽勇：《第三人撤销之诉的原告适格》，载《法学研究》2014年第3期。

民众而言很难接受。但既判力又是我国民事诉讼理论和实务发展必须要确立和坚持的,它对于建设法治国家和发展市场经济而言是不可或缺的。在具体的解释论层面,笔者认为仍然需要坚持既判力理论下的另行起诉优先原则,如果当事人可以通过另行起诉获得充分的权利救济,那么就不宜启动第三人撤销之诉程序。但考虑到司法实践的现实需求,另行起诉优先原则不宜绝对化。例如,倘若案外第三人能够提供初步证据证明在原诉讼处理的不动产权属纠纷中当事人存在故意通谋损害其利益的行为,而且另行起诉不足以弥补他的利益损失,那么应当赋予其提起第三人撤销之诉的权利。

2.第三人撤销之诉与审判监督程序

在第三人撤销之诉与审判监督程序关系中,主要的争议问题集中在遗漏的必要共同诉讼人救济途径竞合和案外人申请再审上。2012年《民事诉讼法》开始实施后,2008年《关于适用审判监督程序的解释》所确立的"案外人申请再审"继续保留,其与第三人撤销之诉之间的关系成为学界讨论最多的问题。来自最高人民法院的观点认为,案外第三人同时享有"案外人申请再审"和"第三人撤销之诉"两种程序权利,但二者只能选择其一行使,不能并用。[①]《民诉法解释》第299条确立了再审程序"吸收"第三人撤销之诉为原则、恶意串通情形下第三人撤销之诉有限为例外的基本审理规则。目前,学界的主流观点均主张确立第三人撤销之诉后,案外人申请再审程序已经没有继续保留的必要。不过,《民诉法解释》第301条在明确了案外人申请再审与第三人撤销之诉之间存在只能择一适用的"互斥"关系的同时,也表明了执行程序中案外人申请再审仍有保留的必要性。笔者认为,就救济受错误判决、裁定损害的案外人、允许其通过撤销生效的裁判维护自己的民事权益而言,第三人撤销之诉与执行程序外的案外人申请再审程序具有相同

---

① 最高人民法院民事审判一庭编:《〈中华人民共和国民事诉讼法〉修改条文理解与适用》,人民法院出版社2012年版,第110页。

的制度功能。《民诉法解释》第 301 条实际上是在吸收了部分学界观点的基础上，对 2008 年《关于适用审判监督程序的解释》第 5 条和第 42 条作了目的性限缩解释，即案外人申请再审仅限于在执行程序内，对执行标的物主张权利且无法提起新的诉讼，以及不服人民法院依据《民事诉讼法》第 234 条作出的驳回执行异议裁定等情形。据此，在救济受错误裁判损害的案外人这一点上，形成了“第三人撤销之诉”与“申请再审”的“一般条款”与“特别条款”结构关系。案外人选择提起第三人撤销之诉的，在理论上仍保留撤销之诉败诉后申请再审的资格；但如果选择直接申请再审的，则不得再提起第三人撤销之诉。从法的位阶出发，第三人撤销之诉作为《民事诉讼法》所规定的程序在适用上也应当优先于最高人民法院司法解释所规定的案外人申请再审。最高人民法院 2020 年修订《关于适用审判监督程序的解释》时已经采纳上述观点，删除了有关案外人直接提起再审之诉的规定。不过，李浩教授近年来提出，对于受害债权人而言，案外人申请再审程序的效率高、成本低。[①]

3.第三人撤销诉讼与执行救济程序

2007 年修订《民事诉讼法》时于第 204 条（现为第 234 条）设计了案外人异议、案外人异议之诉和许可执行之诉三种程序。在我国，案外人异议是提起案外人异议之诉的前置程序。案外人对执行标的主张所有权或者有其他足以阻止执行标的转让、交付的实体权利的必须先向执行法院提出异议；异议如果被法院裁定驳回，则案外人可以在自裁定送达之日起 15 日内向人民法院提起诉讼（案外人异议之诉）。

“案外人”系指“执行当事人以外，对执行标的主张权利，认为法院对某一项或几项财产的执行侵害其实体法上权利的公民、法人和其他

---

① 李浩：《第三人撤销之诉抑或审判监督程序——受害债权人救济方式的反思与重构》，载《现代法学》2020 年第 5 期。

组织"[①]。虽然目前学界对于案外人所主张的"有其他足以阻止执行标的转让、交付的实体权利"范围还存在一定的争议,[②]但在司法实务中,我国法院倾向于将所有权、用益物权、担保物权以及例外情况下的债权[③]均纳入阻却事由的范畴。在时间上,案外人异议和案外人异议之诉必须在执行过程中提起。

案外人异议之诉与第三人撤销之诉程序在制度目的、适用阶段和诉讼类型等方面的区别极为明显,在具体适用中很难出现重叠之处。与第三人撤销之诉比较,我国案外人异议之诉的适格原告是不受原判决的既判力和执行力所及的案外第三人。在我国的执行程序中,案外人提起执行异议被裁定驳回后,如果案外人不服并且针对原判决书、调解书或裁定书所指向的标的物,则应当提起第三人撤销之诉或者审判监督程序;如果案外人不服驳回裁定与原裁判文书无关,则应当提起案外人异议之诉。因此,两项程序各自守备的区域是界限分明的,而且案外人异议之诉作为执行救济程序与第三人撤销之诉分处于执行和诉讼两个不同的程序阶段。在学理上,大陆法系传统的民事诉讼理论更倾向于将案外人异议之诉定位为一种诉讼法上的形成之诉也在于其判决主文仅仅宣告基于某项执行名义的强制执行为非法,并不确认实体权利的归属。[④] 我国的司法实务界虽然对案外人异议之诉是否应当一并确认执行标的物的实体权利归属还存在争议,但部分地区高院已经认

① 赵晋山:《赋予案外人提起异议之诉的权利》,载《人民法院报》2007 年 12 月 7 日第 5 版。

② 争议主要围绕用益物权、担保物权、法律有明确规定的优先权以及租赁权等债权能否构成阻止执行标的转让、交付的实体权利。百晓锋:《论案外人异议之诉的程序构造》,载《清华法学》2010 年第 3 期。

③ 这里的"债权"仅指法律有特殊保护规定并且当事人完成了其要求的要件时所获取的权利,例如虽未办理产权登记但是办理房屋买卖合同预告登记的房屋债权。江必新:《民事执行法律条文释义》,人民法院出版社 2011 年版,第 174～175 页。

④ 百晓锋:《论案外人异议之诉的程序构造》,载《清华法学》2010 年第 3 期。

可案外人异议之诉的诉讼请求仅包含停止执行，如果案外人要求确认实体权利则视为诉的合并。[①] 而第三人撤销之诉的直接法律效果就是撤销原审裁判，使得其所确认或者形成的权利义务关系归于无效，甚至需要重新一并解决权利义务纠纷。

① 陈旻、李馨：《执行异议之诉案件裁判思路与操作——法官审案指南系列》，中国法制出版社 2012 年版，第 70～71 页。

第三章

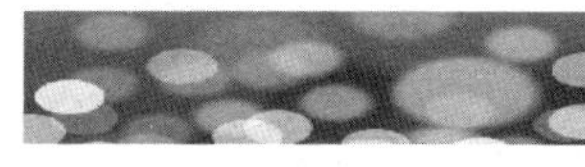

规范意义的虚假诉讼及其程序规制

虚假诉讼现象丛生不仅引起了社会上的广泛关注，而且也令不同领域的部门法学者踊跃投身于解决虚假诉讼问题的“综合治理”：虚假诉讼罪、检察监督、刑民程序的协调、侵权之诉、法经济学分析等等，不一而足。虚假诉讼现象频发的根源是社会转型期引起的利益格局快速变化，综合治理的研究进路虽不失为解决复杂、疑难社会问题的“万金油”，但终究映射太广，不能发挥“精准打击”之功效。部分针对虚假诉讼司法裁判的实证研究成果虽然问题导向意识突出，但提出的理论模型和对策方案却明显存在着理想化的倾向，进而走向了立法论或司法政策论，同样不能够为《民事诉讼法》第 115 条的准确适用提供论证和理论支撑。与此形成对照的是，民事诉讼法解释论研究却对发生在自己“辖区”内的如此重大问题显得捉襟见肘、缺少良策。

有鉴于此，本书预设的基本立场是对虚假诉讼规范开展解释论分析。一方面，在 2012 年修法后 10 年的时间里，司法实务中适用《民事诉讼法》第 115 条的案例已有较多的积累；另一方面，最高人民法院也通过发布规范性司法文件、指导案例等方式对虚假诉讼行为的程序规制提出指导性意见。在规范层面分析第 115 条司法适用的外部条件已经相对成熟。故而，本书首先从规范层面入手，界定究竟哪些“虚假诉讼”行为属于第 115 条的调整对象，剔除现象层面的虚假诉讼问题。其次，运用体系解释与目的解释的方法，论证第 115 条兼具妨碍民事诉讼强制措施与裁判规范的双重性质。最后，结合法律规范的性质，从基本程序架构维持、证明标准、证明责任以及具体证明方法等程序视角分析第 115 条的规范适用问题。

一、何谓规范意义上的虚假诉讼

按照民事诉讼法学界一种有力观点的界定，虚假诉讼属于“我国特定语境下的一种社会现象”，并非制度规范，相应地，应对这一现象的方法可以有很多种。[①] 关于虚假诉讼的既有研究成果大抵均遵循了这样一种“现象说”思路的指导，进而存在一种将虚假诉讼的概念以及相关问题“做大”的倾向，即主观上强调当事人谋取不当利益(包括逃避义务)，恶意损害他人利益、国家政策秩序或社会公共利益；客观上虚构法律关系、纠纷事实或证据，利用诉讼程序，骗取法院裁判文书。[②] 应对如此“宽泛”的虚假诉讼现象自然需要理论法学与部门法学、实体法与程序法“十八般武艺尽出”，开展全面的综合治理。

其实，《民事诉讼法》第 115 条对虚假诉讼有着明确的界定，即“当事人之间恶意串通，企图通过诉讼、调解等方式侵害他人合法权益”。

---

① 张卫平：《既判力相对性原则——根据、例外与制度化》，载《法学研究》2015 年第 1 期。

② 当然，不同定义方式之间尚存在些许细微差别，例如，有学者主张“虚假诉讼”与“恶意诉讼”、“冒名诉讼”不同，前者仅限于双方当事人通谋；也有学者主张，“单方侵害型”虚假诉讼在实务中广泛存在，通谋并非虚假诉讼的必备要件；还有学者主张放弃“虚假诉讼”的概念使用，统一代以“滥用诉讼程序”。以上观点可分别参见李文革：《虚假诉讼的裁判方式：新修订的〈民事诉讼法〉第 112 条评析——以域外经验为借鉴》，载《政治与法律》2013 年第 10 期；罗恬漩、黄蔚菁：《治理虚假诉讼 维护司法权威——虚假纠纷诉讼有效治理高端论坛综述》，载《人民法院报》2016 年 9 月 7 日第 7 版；王猛：《民事诉讼滥诉治理的法理思考》，载《政治与法律》2016 年第 5 期。

所谓规范意义上的虚假诉讼应当满足如下要件：

其一，在主观方面，当事人之间存在恶意串通。这是《民事诉讼法》首次使用“恶意串通”这一术语。“恶意串通”立法的直接制度渊源是原《民法通则》第 58 条第 1 款第 4 项以及《合同法》第 52 条第 2 项对民事行为无效以及合同无效原因的规定。[①] 在传统上，我国民法学者认为，恶意串通的含义要宽于大陆法系国家民法典普遍规定的“虚伪表示”，其还包括双方通谋而为与效果意思一致的情况。[②] 在《民法总则》制定后，有学者主张恶意串通应当严格限定于当事人意思表示为真实的情况下，通谋虚伪表示宜按照《民法总则》第 146 条处理。[③] 具体来说，可能导致民事行为或合同无效的“恶意串通”主要是指当事人双方具有共同目的，希望通过订立合同的方式损害国家、集体或者第三人的利益。[④] “恶意”既包括积极侵害的直接故意，也包括对侵害结果放任的间接故意；“串通”除表现为事前通谋、共同行为外，也可以为默示地接受、配合一方的行为。[⑤]

总体来说，可以参照适用民法学界相关解释的方法与路径，将《民事诉讼法》第 115 条中“恶意串通”区分为“通谋”意思表示与配合实施的诉讼行为，即虚假诉讼是当事人双方意图共同实施的真实诉讼行为，借以侵害他人合法权益。当年备受舆论关注的“莫兆军案”中的虚假借款合同纠纷[⑥]以及所谓的“单方侵害型虚假诉讼”[⑦]其实

---

① 韩世远：《合同法总论》，法律出版社 2018 年第 4 版，第 221 页。

② 王家福主编：《中国民法学 · 民法债权》，法律出版社 1991 年版，第 344 页。

③ 茅少伟：《论恶意串通》，载《中外法学》2017 年第 1 期；韩世远：《虚假表示与恶意串通问题研究》，载《法律适用》2017 年第 17 期。

④ 崔建远：《合同法》，北京大学出版社 2014 年第 2 版，第 88 页。

⑤ 韩世远：《合同法总论》，法律出版社 2018 年第 4 版，第 225 页。

⑥ 参见广东省高级人民法院(2004)粤高法刑二终字第 24 号刑事裁定书。

⑦ 林胜超、张章、叶晓莲：《单方侵害型虚假诉讼案的司法认定》，载《中国检察官》2017 年第 3 期(下)。

都不满足当事人双方“恶意串通”的主观要件，自然也不属于《民事诉讼法》第 115 条的调整对象。

其二，在客观方面，当事人通过诉讼、调解等方式实施了侵害他人合法权益的行为。具体来说，“恶意串通”的客观行为应当体现在通过启动民事诉讼程序的方式侵害他人合法权益。

一方面，虚假诉讼的当事人双方应采取向法院提起诉讼或应诉的方式，即便是采取调解方式也仅限于法院调解。[①] 易言之，商事仲裁、人民调解、劳动仲裁等均不符合《民事诉讼法》第 115 条对虚假诉讼客观要件的规定。不过，考虑到第 115 条的立法目的在于通过惩罚虚假诉讼行为维持正常的诉讼秩序，[②]当事人双方向法院申请确认调解协议、实现担保物权的，属于恶意串通利用非讼程序的行为，也应纳入第 115 条的调整范围。另一方面，诉讼、调解以及非讼程序的过程或结果还应当侵害了他人的合法权益。首先，如果当事人之间的恶意串通进行诉讼、调解并未意图损害他人的合法权益，则不应将其评价为虚假诉讼。不论是当年的“孙英杰兴奋剂案”，还是利用法院裁判的公信力和证明力办理遗产继承，都不宜适用《民事诉讼法》第 115 条。[③] 其次，此处的“他人”应指特定或不特定的第三人，他人的“合法权益”既包括特定第三人的物权、债权以及知识产权等权利和利益，也包括国家利益和社会公共利益。相较于《民法通则》第 58 条第 1 款第 4 项以及《合同法》第 52 条第 2 项，《民法总则》第 146 条主要的变化就是将“损害国家、集体或者第三人的利益”改为“损害他人利益”。按照民法学者的解

---

① 全国人大常委会法制工作委员会民法室编：《中华人民共和国民事诉讼法条文说明、立法理由及相关规定》，北京大学出版社 2012 年版，第 184 页。

② 全国人大常委会法制工作委员会民法室编：《中华人民共和国民事诉讼法条文说明、立法理由及相关规定》，北京大学出版社 2012 年版，第 183 页。

③ 2016 年 7 月已经废止的《司法部、建设部关于房产登记管理中加强公证的联合通知》第 2 条规定：“遗嘱人为处分房产而设立的遗嘱，应当办理公证。”在实践中，部分继承案件实际上对遗产继承并无争议，仅是当事人为了规避公证的高额费用。

释，损害公共利益的行为可以遵循违背公序良俗原则进行判断。不特定第三人或案外人的利益基本上可以解释为社会公共利益。[①] 在民事诉讼中，通过恶意串通的诉讼或调解损害国家管理秩序、社会公共利益的行为并非鲜见，例如，在最高人民检察院印发的虚假诉讼典型案例中，不乏规避房屋限购政策、逃避应缴税款的情形。鉴于《最高人民法院关于防范和制裁虚假诉讼的指导意见》第1条将虚假诉讼侵害的利益范围解释为“侵害国家利益、社会公共利益或者案外人的合法权益”，公序良俗原则又未进入现行民事诉讼法典，因此，对于损害社会公共利益应可解释为不特定的第三人利益。不过，考虑到民事诉讼的基本目的和原则，对“国家利益”“社会公共利益”均宜从严解释。最后，“他人”既包括未进入诉讼程序的案外人，也包括诉讼中的共同诉讼人、有独立请求权第三人和无独立请求权第三人。

需要注意的是，《民事诉讼法》第115条规范的虚假诉讼行为虽然指向的是他人的合法权益，不过与私法上的恶意串通要求必须现实损害他人合法权利不同，当事人只要“实施”了诉讼行为，法院就可以适用第112条判决驳回诉讼请求，并视情形给予其他处罚。

综上所述，《民事诉讼法》第115条所规定的“虚假诉讼”并非一种广义上的滥用诉权现象，与《刑法》第307条之一规定的虚假诉讼罪在构成要件上也有明显的不同。[②] 也正是因为其调整范围的“狭隘”，学界不乏批评其立法上范围过窄，导致不能发挥打击恶意诉讼应有效果的观点。[③] 既然现实中虚假诉讼现象如此“猖獗”，为什么《民事诉讼法》第115条还要确立如此狭隘的调整范围呢？我们有必要分析第115条单独立法的目的以及规范性质，为后续解释论的展开提供基础。

---

① 茅少伟：《论恶意串通》，载《中外法学》2017年第1期。

② 纪格非：《民事诉讼虚假诉讼治理思路的再思考——基于实证视角的分析与研究》，载《交大法学》2017年第1期。

③ 廖忠洪：《“恶意诉讼”立法规定与规制的技术及其原理——兼评〈民事诉讼法〉第112条规定的合理性》，载《甘肃政法学院学报》2016年第2期。

二、立法目的与规范性质

正如此前诸多研究成果所揭示的，作为一种社会现象，根据广义的虚假诉讼所造成的具体“危害”，现行民事、刑事法提供了多种救济渠道与规制路径。

需要明确的是，虚假诉讼现象频发与我国经济快速发展、社会急剧转型密切相关，利益分配不均、制度供给不足激励了当事人利用虚假诉讼谋利。因此，部分虚假诉讼现象即便不能被界定为是“无害”的，至少也不宜过度处罚。例如，已经废止的《司法部、建设部关于房产登记管理中加强公证的联合通知》第 2 条对继承或受遗赠取得不动产必须强制办理公证的规定既缺少上位法依据，也给人民群众造成了极大的负担。[①] 当事人之间为了规避高额的公证费用，就不存在的继承纠纷向法院提起诉讼，此类案件不符合“损害国家利益、社会公共利益以及第三人利益”的规范要件，不宜按照《民事诉讼法》第 115 条处理。

实际上，虚假诉讼现象可能造成的消极影响主要集中在以下两个方面：一是损害了包括对方当事人、第三人、案外人在内的各类相关主体的合法权益；二是干扰司法秩序、浪费司法资源、损害司法权威和公信力。对于前者，合法权益受到虚假诉讼侵害的当事人以及其他主体完全可以通过上诉、申请再审以及第三人撤销之诉等途径获得救济。故而作为公法规范，《民事诉讼法》第 115 条和《刑法》第 307 条之一的

① 程啸、尹飞、常鹏翱：《不动产登记暂行条例及其实施细则的理解与适用》，法律出版社 2017 年第 2 版，第 144 页。

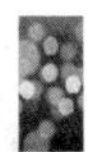

主要立法目的是保护司法秩序。①

具体来说，与民事诉讼制度体系的核心构成要件和流程不同，《民事诉讼法》第10章规定的“妨害民事诉讼的强制措施”可以被视作是维护司法权威和司法秩序的“司法行政法”，其所调整的对象也是与民事诉讼活动紧密相关的司法行政法律关系。按照刘哲玮的梳理，妨害民事诉讼强制措施的司法适用大体可以区分为两个阶段。第一个阶段大体为2007年《民事诉讼法》修订之前，法院主要将《民事诉讼法》第10章的立法目的解读为，通过训诫、批评教育等方法来敦促当事人遵守民事诉讼法和法庭秩序，从而排除相应的妨害行为，很少适用罚款和拘留；第二个阶段则为2007年和2012年修订《民事诉讼法》增加罚款数额以及拓展妨害民事诉讼行为的范围之后，法院作出罚款和拘留决定的比例和数量均显著提高。② 不过，随着罚款、拘留等强制措施适用比例的提高，“河南省人民医院妨害取证罚款案”“万科物业阻碍执行罚款案”等案件更多地折射出法院在维护法庭秩序以外课以强制措施引发的“正当性”质疑。

《民事诉讼法》第115条、第116条的直接立法目的在于通过行使司法行政权打击虚假诉讼、逃避执行等行为，维护司法权威与司法秩序。因此，作为准行政处罚条款，第115条的立法也遵循了处罚法定的原则。从文义解释和体系解释的角度出发，第115条的性质应当是法院行使司法行政权的强制性措施。不过，在司法实践中，不少案件的当事人、再审的申请人均在诉状中援引第115条作为依据，主张原审当事人之间存在虚假诉讼行为，进而请求法院判决驳回诉讼请求。这里可能构成解释论上的一个问题是第115条中的“判决驳回请求”是否同时

① 正如张明楷教授所指出的，“即使虚假诉讼行为侵害了他人的合法权益，也必然妨害了司法秩序。在此意义上也可以认为，司法秩序是虚假诉讼罪的主要保护客体”。张明楷：《虚假诉讼罪的基本问题》，载《法学》2017年第1期。

② 刘哲玮：《从河南省人民医院妨害取证罚款案展开重新认识民事诉讼中的强制措施》，载“中国法律评论”微信公众号，下载日期：2016年8月24日。

兼具民事诉讼法上的裁判规范性质?

实际上,部分针对虚假诉讼的实证或案例研究大多有意或者无意地将第115条的规范性质仅仅定位为"强制措施",进而主张强制措施的适用与虚假诉讼的查明之间存在内在张力;第115条规定罚款、拘留等强制措施的惩罚或威慑功能有限,难以实现震慑效果。[①] 应当说,这种观点对《民事诉讼法》第115条的立法旨趣和规范性质存在一定的误读。2012年修订《民事诉讼法》时,《最高人民法院关于〈中华人民共和国民事诉讼法〉修改立法建议稿》中对"妨害民事诉讼的强制措施"一章提出的立法建议有两项:一是增加一条,"当事人恶意起诉、故意拖延诉讼或者具有其他滥用诉讼权利情形的,人民法院可以对行为人进行罚款,对方当事人有权要求行为人赔偿因此造成的损失";二是在2007年《民事诉讼法》第102条后增加一项"恶意串通,骗取人民法院判决、裁定或者调解书,侵害他人合法权益的",并根据情节轻重予以罚款、拘留;构成犯罪的,依法追究刑事责任。[②] 通过第一部分的分析不难发现,立法机关对以强制措施的方式处罚虚假诉讼行为采取了较为谨慎的立场,一方面排除了"当事人恶意起诉、故意拖延诉讼或者具有其他滥用诉讼权利"等情形;另一方面,对于符合构成要件的虚假诉讼首先应当驳回诉讼请求,再视情节轻重决定是否作出罚款、拘留的决定。驳回诉讼请求非但不属于《民事诉讼法》第10章所规定的强制措施之一,而且严格遵循文义解释的要求,驳回诉讼请求意味着对当事人本案请求权的完全否定,只得以判决形式作出。在指导案例第68号中,辽宁高级人民法院虽然认定了虚假诉讼行为,但仅判决驳回诉讼请求并未判处罚款;最高人民法院第二巡回法庭在维持原判的基础上作出罚款

---

① 王约然、纪格非:《虚假诉讼程序阻却论》,载《甘肃政法学院学报》2018年第2期;熊跃敏、梁喆旎:《虚假诉讼的识别与规制——以裁判文书为中心的考察》,载《国家检察官学院学报》2018年第3期。

② 最高人民法院民事诉讼法修改研究小组编:《〈中华人民共和国民事诉讼法〉修改条文理解与适用》,人民法院出版社2012年版,第238~239页。

决定，通过进一步调查证据、查明事实，对参与虚假诉讼的欧宝公司和特莱维公司各罚款 50 万元。

笔者认为，结合《民事诉讼法》第 115 条的立法目的、法律效果以及指导案例第 68 号的阐释，基本上可以得出第 115 条兼具强制措施与裁判规范的双重属性。理解第 115 条离不开 2012 年修订《民事诉讼法》的立法背景与惩戒虚假诉讼的整体制度设计。《民事诉讼法》第 13 条第 1 款规定的诚实信用原则，意在维护诉讼秩序，保障裁判及时实现，保护合法权利。[①] 作为基本原则，第 13 条第 1 款主要在诉前、诉中发挥引导性功能，并在具体规范存在漏洞时发挥补强作用。《民事诉讼法》第 59 条第 3 款引入的第三人撤销之诉则属于事后救济程序。在此意义上，《民事诉讼法》第 115 条主要在于与第 13 条第 1 款、第 59 条第 3 款配合适用，对于违反诚实信用原则的典型虚假诉讼行为进行惩戒。作为强制措施，第 115 条的调整范围不宜过宽，否则不仅有侵害诉权、妨碍当事人接近司法的风险，而且更容易引起对滥用司法行政权力的质疑。因此，仅针对恶意串通且企图损害他人合法权益的"典型"虚假诉讼行为进行规制，既可以有效威慑虚假诉讼现象，也能够保障当事人的诉讼权利。以冒名原告提起诉讼的情形为例，倘若冒名人与被冒名人之间不存在恶意串通，仅希望通过诉讼方式获取利益，则可以援引《民事诉讼法》第 122 条以当事人不适格为由驳回起诉，不宜适用第 115 条。

与此直接相关的是，审判权以消极、中立为核心特征，基于程序正当的要求，任何人不得为自己的法官，因此，传统上，司法行政处罚权的作用范围应当仅限于扰乱法庭秩序，即仅能够对发生在法官眼前的藐视审判权权威的行为不赋予其任何的程序保障，直接进行处罚。[②] 在法庭之外的隐匿证据、拒不履行协助调查、执行义务等行为，司法行政

---

① 全国人大常委会法制工作委员会民法室编：《中华人民共和国民事诉讼法条文说明、立法理由及相关规定》，北京大学出版社 2012 年版，第 17 页。

② 参见《民事诉讼法》第 113 条。

处罚权并非不能行使，但依照何种程序行使却是考验程序正当性的重要命题。第115条司法适用的难点也恰恰在此，由于恶意串通式虚假诉讼的隐蔽性和复杂性，法院也无法像惩处扰乱法庭秩序行为一样直接作出罚款、拘留的处罚。相反，法院必须通过一定的诉讼程序来认定当事人行为符合第115条的构成要件。在此意义上，作为裁判规范的第115条便有双重功能，一是为罚款、拘留等强制措施乃至移送刑事司法程序提供正当性基础，二是为法官在不能确信实体请求权存在与否时提供裁判依据。

三、程序架构——如何突破“信息孤岛”

民事诉讼以辩论原则和处分权原则作为制度运行的“基石”，在构造上形成了两造对立、法院居中裁判的“对抗・判定”式程序结构。着眼于当事人为了实现自身利益而进行攻击防御的“发现真相”原理，诉讼的过程可以被理解为当事人与法院在“垂直方向上的信息交换”与当事人之间在“水平方向的信息交换”。[①] 在符合《民事诉讼法》第115条构成要件的虚假诉讼中，当事人相互之间、当事人与法院之间水平方向、垂直方向的信息交换均无障碍，可能存在的问题是当事人之间的“恶意串通”使得“对抗・判定”式程序结构“失灵”，法院在垂直方向上获取的信息受限，无法准确认定案件事实，进而形成了“信息孤岛”。就规范层面而言，规制虚假诉讼行为面临的最大困境就是如何突破当事人人为制造的“信息孤岛”。

《民事诉讼法》第115条兼具裁判规范与强制措施规范的双重性质，对虚假诉讼行为的规制应当在一定的诉讼架构中实现，以便实现突

① [日]棚濑孝雄：《纠纷的解决与审判制度》，王亚新译，中国政法大学出版社2004年版，第121～122页。

破“信息孤岛”、实现利益相关方的信息共享。法院并非侦查机关，通常不能在诉讼程序之外，主动对是否存在“恶意串通，企图通过诉讼、调解等方式侵害他人合法权益”的行为进行执法调查并作出处罚决定，相反，只能在一审、二审以及审判监督程序中，依据民事诉讼法及司法解释的相关规定判断有无适用第 115 条的必要。此外，“驳回其请求，并根据情节轻重予以罚款、拘留；构成犯罪的，依法追究刑事责任”的严重法律后果也决定了依据第 115 条对虚假诉讼行为进行惩处需要满足实质性程序保障的要求。对当事人而言，实质性程序保障只能在诉讼程序中予以实现。

其一，在立案及审前准备阶段，其实并无适用《民事诉讼法》第 115 条的空间。有学者主张，借鉴大陆法系的诉讼要件理论，在立案或审前准备阶段对疑似虚假诉讼案件裁定不予受理或驳回起诉。[①] 也有学者在批判前述观点的理论依据基础上，进一步提出“立案阶段发现有明显虚假诉讼嫌疑的”，裁定不予受理；在诉讼中“既不能确认虚假诉讼确实存在，又不便驳回原告诉讼请求的”，存在裁定驳回起诉的“理论选项”。[②] 毋庸讳言，尽管论证的路径不同，前述观点均持一种尽量促进《民事诉讼法》第 115 条司法适用、打击虚假诉讼的基本立场。不过，立足于基本的解释论方法，从《民事诉讼法》第 115 条设定的规范要件本身出发其实很难得出“裁定不予受理”以及“裁定驳回起诉”的法律效果。一方面，第 115 条对实质性程序保障的要求较高。实行立案登记制后，法院在立案阶段原则上只进行诚信诉讼的一般告知，不宜开展个案的实质性审查。另一方面，第 115 条的准确适用需要通过本案诉讼来提供程序和实体上的正当性基础。严格地说，所谓的“疑似虚假诉讼”案件本身并不适合按照第 115 条处理。在司法实践中，为了谋取拆

---

① 李文革：《虚假诉讼的裁判方式：新修订的〈民事诉讼法〉第 112 条评析——以域外经验为借鉴》，载《政治与法律》2013 年第 10 期。

② 吴泽勇：《民事诉讼法理背景下的虚假诉讼规制——以〈民事诉讼法〉第 112 条的适用为中心》，载《交大法学》2017 年第 2 期。

迁补偿利益，子女起诉父母确认房屋赠与协议有效。对于此类案件，法院可以直接以案件不具有实际争议、没有确认利益为由，依据《民事诉讼法》第 122 条裁定驳回起诉。[①]

其二，民事诉讼中的特殊救济程序和普通诉讼程序均可用于突破当事人"恶意串通"形成的"信息孤岛"。不论是"对抗制"抑或是"当事人主义"，其实都是在马克斯·韦伯"理想型"概念指导下所提炼的理想化的理论模型。复杂主体的诉讼形态在理想化诉讼模式的抽象过程中往往会被忽略或舍弃。按照第 115 条对虚假诉讼的界定，当事人实施"恶意串通，企图通过诉讼、调解等方式侵害他人合法权益"行为的直接法律后果是诱使法院作出了损害他人合法权益的生效裁判。审判监督程序和第三人撤销之诉程序便成为合法权益受到虚假诉讼侵害案外人的主要救济途径。实际上，检察监督和法院依职权启动审判监督程序已经成为法院适用第 115 条的主要程序路径。[②] 一方面，检察机关仍然可以通过提起抗诉的方式启动审判监督程序，从而形成新的两造对立的诉讼架构；另一方面，基于中立裁判者的定位，法院依职权启动审判监督程序亦主要由检察监督和案外人申诉而引起。

在已有的司法实践中，审判监督程序已经成为《民事诉讼法》第 115 条适用的主要程序路径。[③] 不过，"恶意串通，企图通过诉讼、调解等方式侵害他人合法权益"并不属于当事人申请再审的"法定事由"，且考虑到与一般的再审案件不同，针对虚假诉讼案件启动审判监督程序一般只能通过检察监督和案外人申诉的方式来启动。此外，需要注意

---

① 陈健：《对没有诉的利益的起诉应予驳回》，载《人民法院报》2017 年 1 月 11 日第 7 版。

② 根据最高人民检察院的统计，2012 年至 2014 年，全国检察机关监督虚假诉讼案件 6829 件，其中，提出抗诉和检察建议 4972 件，移送犯罪线索 957 件。参见《3 年检察监督虚假诉讼 6829 件》，载《法制日报》2016 年 2 月 3 日第 3 版。

③ 按照吴泽勇教授的统计，60%以上适用本条的案件均为在审判监督程序中实现。吴泽勇：《民事诉讼法理背景下的虚假诉讼规制——以〈民事诉讼法〉第 112 条的适用为中心》，载《交大法学》2017 年第 2 期。

的是,以案外人申请再审方式要求撤销原虚假诉讼裁判通常并不符合既有司法解释的规范要求。案外人申请再审的依据是 2008 年《关于适用审判监督程序的解释》第 5 条。同时满足《民事诉讼法》第 115 条和“对原判决、裁定、调解书确定的执行标的物主张权利,且无法提起新的诉讼解决争议”的实质性要件并不容易。一方面,由于缺少上位法授权,司法实践中对案外人申请再审的适用标准掌握较为严格;另一方面,增设第三人撤销之诉后,学界多主张将案外人申请再审限定于执行程序之中。实际上,在实践中个别通过案外人申请再审方式主张撤销虚假诉讼裁判的案件,其实存在未严格遵守 2008 年《关于适用审判监督程序的解释》第 5 条、第 42 条设定规范要件的情况。[①]

按照吴泽勇、郑金玉等的考察,法院在第三人撤销之诉中直接认定虚假诉讼的情形并不多见。[②] 但将此类现象解释为“为打击虚假诉讼特意设计的第三人撤销之诉,在实践中并未发生期待中的作用”似有不够周延之处。第三人撤销之诉的构成要件以及制度设计都决定了遏制虚假诉讼、恶意诉讼等行为属于其“附带性”“间接性”的制度功能。[③]《民事诉讼法》第 59 条第 3 款所规定的构成要件与第 115 条之间存在明显的区别:错误的生效裁判损害了案外第三人的民事权益并不一定意味着原审当事人之间存在着恶意串通式的虚假诉讼。对于案外第三人的民事权益保护而言,第 59 条第 3 款的撤销生效裁判与第 115 条规定的驳回诉讼请求并无实质性差别。即便第三人在提起撤销之诉时主张并提出初步证据试图证明原审生效裁判是虚假诉讼行为所致,法院亦须独立判断是否存在恶意串通的虚假诉讼。

---

① 参见连云港市中级人民法院(2014)连商再终字第 00017 号民事判决书、嵊州市人民法院(2015)绍嵊民再字第 3 号民事判决书。

② 吴泽勇:《民事诉讼法理背景下的虚假诉讼规制——以〈民事诉讼法〉第 112 条的适用为中心》,载《交大法学》2017 年第 2 期;郑金玉:《我国第三人撤销之诉的实践运行研究》,载《中国法学》2015 年第 6 期。

③ 刘君博:《第三人撤销之诉的程序建构》,载《法学》2014 年第 12 期;郑金玉:《我国第三人撤销之诉的实践运行研究》,载《中国法学》2015 年第 6 期。

在普通诉讼程序中，适用《民事诉讼法》第115条主要包括两类情形。一是在前后关联案件或系列案件中，法院发现当事人之间存在特定亲属关系，或主张事实、提供证据存在明显不合理之处，进而认定为虚假诉讼，判决驳回诉讼请求。[①] 二是当事人之间形成由共同诉讼人或第三人（包括有独立请求权第三人或无独立请求权第三人）组成的复杂诉讼形态，即部分当事人之间恶意串通，意图损害共同诉讼人或第三人的合法权益。[②] 在前一类案件中，随着法院信息化建设和案件查询能力的加强，因为存在前后关联案件或部分当事人相同的系列案件，加之被告一般不出庭答辩或者直接认诺、自认，所以，法院依职权认定虚假诉讼其实并不困难；在后一类案件中，因为部分共同诉讼人或第三人提出不同的事实主张，故而法院亦可以在"对抗式"的诉讼程序中判断当事人之间有无恶意串通，损害其他共同诉讼人或第三人利益的问题。

不过，在解释论上，法院在普通诉讼程序中依职权适用第115条仍不得不面对是否违反辩论主义原则要求的质疑。当事人之间恶意串通确实会使法官获取真实信息的渠道在一定程度上受限，但倘若认为"对抗·判定"式的程序架构对此完全无能为力，则是陷入了古典辩论主义的迷思。按照修正辩论主义的观点，当事人提出证据的责任并非绝对化，法官可以依职权进行补充性的证据调查。[③] 同时，按照当事人真实义务、诉讼促进义务的要求，"当事人违反主观真实而为自认之情形，当事人违反真实义务而为陈述，为发现真实法官不受该自认之拘束，其仍

---

① 可参见瑞安市人民法院(2013)温瑞陶商初字第41号民事判决书，广州市花都区人民法院(2013)穗花法山民初字第548号民事判决书，峨眉山市人民法院(2017)川1181民初1401号民事判决书，东莞市第一人民法院(2015)东一法南民一初字第1576号民事判决书。

② 参见海安县人民法院(2012)安开民初字第0644号民事判决书。

③ [日]高桥宏志：《民事诉讼法——制度与理论的深层分析》，林剑锋译，法律出版社2003年版，第330页；[德]罗森贝克、施瓦布、哥特瓦尔德：《德国民事诉讼法》(上)，李大雪译，中国法制出版社2007年版，第534～535页。

得依职权认定该事实之真伪”[①]。特别是在相关规范性司法文件明确规定的情况下，对可能存在虚假诉讼的案件，法院应当通过不予确认自认事实、传唤当事人到庭、依职权调查取证等方式确认案件事实。[②] 正如前文所述，《民事诉讼法》第 115 条同时兼具裁判规范与强制措施规范的性质，法院为了维护诉讼秩序和司法权威，可以采取适当方式突破辩论主义原则。

故而，在不存在多方诉讼主体的普通诉讼程序中，只要严格遵循修正辩论主义和协同主义的要求，“对抗・判定”的程序架构仍然可以让法官有效地获取真实信息。同时，除少数被告故意缺席或不进行有效答辩的简单案件外，部分共同诉讼人、第三人乃至案外人通过检察监督、申诉等特殊救济程序也可以形成多方对立程序结构，进而突破“信息孤岛”。在虚假诉讼案件中，当事人之间的恶意串通固然会在一定程度上阻碍法官通过真实的攻击防御过程获取信息，但司法实践中真实、丰满的程序架构并不会因此完全失去作用；相反，有效的诉讼指挥、利益相关诉讼主体的参与以及信息化技术的引入足以形成查明虚假诉讼的程序场景。

四、虚假诉讼难以证明吗？

不论是通过特殊救济程序还是普通诉讼程序，《民事诉讼法》第 115 条设定的“虚假诉讼”规范要件仍需要得到证明。这里需要进一步讨论的问题是虚假诉讼是否真的难以证明。对于这一问题的回答可以

① 刘明生：《民事诉讼之程序法理与确定判决之效力及救济》，新学林出版股份有限公司 2016 年版，第 64 页。

② 《最高人民法院关于防范和制裁虚假诉讼的指导意见》第 4 条、第 5 条、第 6 条。

从证明标准、证明责任以及具体证明方法三个维度展开。

依照《民诉法解释》第 109 条的规定，当事人对恶意串通事实的证明达到排除合理怀疑的，法院应当认定该事实存在。不过，结合《民诉法解释》第 108 条对民事案件一般证明标准的规定，笔者认为，不能得出对虚假诉讼的证明一律适用排除合理怀疑证明标准的结论。[①]《民事诉讼法》第 115 条虽具有裁判规范的性质，需要在特定的诉讼程序中方能适用，但并不意味着第 115 条同时也属于请求权基础规范。易言之，不论受害人是否提出存在恶意串通的事实主张，法院都应依职权考量虚假诉讼存在与否。不过，在一般案件中，只要法院对疑似虚假诉讼中当事人所主张的要件事实产生合理怀疑，认为不能使其达到《民诉法解释》第 108 条所规定的"高度可能性"标准即可判决驳回诉讼请求。只有作出给予当事人罚款、拘留等强制措施处罚决定时，法院对虚假诉讼的证明才应达到排除合理怀疑的证明标准。《民事诉讼法》规定"妨碍民事诉讼强制措施"是为了维持诉讼秩序、保障司法权威，法院给予罚款、拘留等强制措施时应当给予受处罚人充分的程序保障。正如本书第二章所述，2012 年修订《民事诉讼法》时，不仅扩张了强制措施的适用范围，还提高了罚款数额，但却未能提供有效的事前、事后程序保障机制，导致在司法实践中争议案件频发。因此，笔者认为，对虚假诉讼行为课以罚款、拘留处罚时应当达到排除合理怀疑的标准是程序保障要求的题中之义。

在证明责任方面，虚假诉讼属于法院的职权探知事项，仍有结果意义上证明责任(客观证明责任)适用的必要。这里需要进一步说明的是，即便是虚假诉讼，串通的当事人也会在诉讼程序中主张具体的要件事实。在虚假诉讼中"虚构"的是纠纷或事实，而权利诉求(意思表示)

---

① 吴泽勇教授亦认为，对虚假诉讼的证明应区分不同的情形，适用不同的证明标准。吴泽勇：《民事诉讼法理背景下的虚假诉讼规制——以〈民事诉讼法〉第 112 条的适用为中心》，载《交大法学》2017 年第 2 期。

却是真实的。[①] 故如果法官认为当事人主张的要件事实为真，则应当判决支持其诉讼请求——同时也否定了虚假诉讼的存在；相反，如果法院认为当事人主张的要件事实为假或者真伪不明，则应当判决驳回其诉讼请求。当然，当事人主张的要件事实不存在或者真伪不明，并不意味着该诉讼就是虚假诉讼。不过，当法官认为是否存在“恶意串通，企图通过诉讼、调解等方式侵害他人合法权益”处于“真伪不明”的状态时，也就意味着该诉讼中作为辨别“恶意串通”“侵害他人合法权益”主观状态的客观事实存在真伪不明。在涉及虚假诉讼的案件中，法官固然可以依职权进行调查、取证，但原告在诉讼中主张的法律关系和要件事实其实划定了职权调查的射程。易言之，法官如果对虚假诉讼存在与否无法形成确定的心证，那么，可以反推其对作为裁判基础的法律关系和要件事实亦无法达到内心确信，因此，判决驳回疑似虚假诉讼的原告诉讼请求是证明责任理论框架下的妥当选择。[②]《民事诉讼法》第115条并非救济程序，虚假诉讼的受害人并不能据此获得权利救济。在通过检察监督或法院依职权启动审判监督程序的案件中，案外人或申诉人并不是案件的当事人，法院应当依职权探知案件是否存在虚假诉讼的可能性。即便在普通诉讼程序中，部分共同诉讼人或第三人仅须将原告主张的要件事实反证至“真伪不明”即可，而无须承担将“恶意串通”证明至排除合理怀疑的证据提供责任。

最后，在具体证明方法方面，需要澄清的一个问题是检察机关是否更容易证明虚假诉讼要件事实的存在。检察机关通过抗诉、检察监督等方式督促法院启动审判监督程序确实有利于形成查明虚假诉讼的基

---

① 已故民诉法学者蔡彦敏教授对“虚假诉讼”本质的概括可谓精当：虚假诉讼的实质内核是虚假（虚构）的民事纠纷、民事权利义务关系，本质上是“假纠纷，真诉讼”。蔡彦敏：《虚假诉讼：概念修正、定义厘清与有效治理》，未刊稿。

② 笔者赞同李浩教授对第112条适用客观证明责任的分析路径和方法，但并不同意“把真伪不明拟制为不是虚假诉讼来适用法律，其结果是不能适用第112条来对双方当事人作出处理”的结论。李浩：《民事证明责任本质的再认识——以〈民事诉讼法〉第112条为分析对象》，载《法律科学》2018年第4期。

本程序架构，但在证明要件事实方面，检察机关其实并无过多优势。一般通过检察监督方式查明的虚假诉讼案件具有如下特征：

其一，虚假诉讼案件往往涉及法官的职务犯罪。在最高人民检察院民事行政检察厅《关于印发民事虚假诉讼监督典型案例的通知》中列举的20件虚假诉讼典型案例中，共有11件案例涉及法官渎职被追责。在申诉人举报的情况下，通过自侦部门、公安机关对贪污、渎职以及伪造证据等行为的侦查收集相关证据资料往往成为检察机关查明虚假诉讼的主要路径。其二，检察机关民事行政检察部门的证据调查手段相对有限。除了涉及法官贪污、渎职案件外，检察机关民事行政检察部门在调查虚假诉讼案件时一般只能采取调取原审案卷、询问法官和当事人、委托鉴定等方法。如果自侦部门未能向民事行政检察部门提供相关证据线索，民行检察部门并无更多获取证据资料的手段。

特别是在各地成立监察委员会、剥离检察院反贪反渎职能的背景下，几乎很难得出检察机关在证明虚假诉讼要件事实方面更具有优势的论断。相反，法院在诉讼架构中的地位虽然消极中立，但在理论上，法官仍有权知悉他希望了解的事实。证据调查作为辩论主义的第三命题本来就存在一定的争议，德国、日本等大陆法系国家民事诉讼法典中也多有关于职权调查的规定。① 如果能够严格遵循《民事诉讼法》及相关司法解释对于证据调查的要求，证明存在虚假诉讼的可能进而判决驳回诉讼请求并非想象中那么困难。

在司法实践中，多数虚假诉讼案件均以民间借贷、离婚析产、以物抵债、劳动争议等形式呈现，当事人提交的证据种类多为书证、证人证言和当事人陈述。以民间借贷虚假诉讼为例，原告方需要对双方存在借贷合意以及实际交付借款承担证明责任。即便被告对全部要件事实进行自认，法官在未能形成内心确信的前提下亦可要求被告对借款用

---

① [德]罗森贝克、施瓦布、戈特瓦尔德：《德国民事诉讼法》(下)，李大雪译，中国法制出版社2007年版，第890～891页；[日]高桥宏志：《重点讲义民事诉讼法》，张卫平、许可译，法律出版社2007年版，第75页。

途、原告就出借能力等背景事实进一步加以说明。同时,法官可以依据原、被告的陈述依职权调取相应时间点的银行交易明细,要求证人、当事人出庭接受询问。[①] 此外,对于具备鉴定条件的书证、物证,法官可以依职权委托鉴定,确定相应笔迹、文书形成时间;对于涉嫌伪造相关证据的案件,可以依职权移送公安机关立案侦查。[②] 此外,随着智慧法院、类案智能推送系统等信息化建设成果在全国法院系统的应用和推广,法官可以更加方便地获取到类似案例的事实、争议焦点以及法律适用信息,虚假诉讼的"信息孤岛"亦可借此突破。

综上所述,第 115 条所调整的恶意串通式虚假诉讼固然具有隐蔽性,但只要全面审查当事人主张的要件事实,仔细核对所提交书证、物证、证人证言以及当事人陈述的真实性,准确适用《民事诉讼法》及相关司法解释赋予的证据调查权力,一个尽职的法官查明规范意义上的虚假诉讼至少不会比检察官更困难。

虚假诉讼的频发与我国社会转型期利益分配机制不合理有密切的关系,相应地,其规制路径的完善也应当遵循已有制度体系的内在逻辑,不能期待运动式的集中治理。就虚假诉讼现象而言,不宜盲目强调遏制、打击,部分"无害型"虚假诉讼更应通过加强配套制度供给,引导当事人放弃虚假诉讼;就虚假诉讼关涉的各位利益主体而言,也应当遵循各自的救济程序和规制路径。《民事诉讼法》第 115 条是一项旨在惩处恶意串通型虚假诉讼的公法规范,其规范性质决定了惩处对象的范围必须明确、具体,不宜过宽。同时,考虑到既有的司法强制措施体系提供的程序保障并非周延,为了确保给予惩处措施的正当性,必须在一定的诉讼程序中实现对特定虚假诉讼行为的严格证明。在此意义上,适用第 115 条的案件数量有限,罚款、拘留适用得较少或许并非坏事。

---

① 《赵俊诉项会敏、何雪琴民间借贷纠纷案一审民事判决书》,载《中华人民共和国最高人民法院公报》2014 年第 12 期(总第 218 期)。

② 参见石狮市人民法院(2014)狮民初字第 421 号民事判决书。

第四章

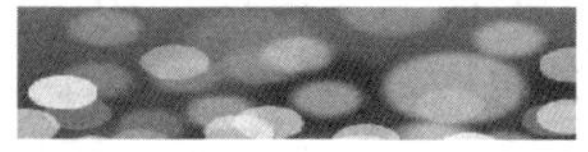

第三人撤销之诉理论重述

回到《民事诉讼法》第59条第3款对于第三人撤销之诉的制度设计，如果没有最高人民法院出台司法解释以及各级人民法院的办案意见，该程序在司法实践中就无法运行。这里一方面固然有“宜粗不宜细”的立法政策因素存在其中；另一方面，各级法院在民事审判业务中形成的相对稳定的程序运作方式本身也构成了新的程序在司法适用上的一项“前提条件”。因此，尽管《民诉法解释》第290条至第301条已经初步“搭建”起第三人撤销之诉程序运行的基本架构，但就其制度本身的规范适用而言，仍需要提供联结宏观的结构层面与微观的操作层面之间的理论框架和基本原则以便于解释学的深入展开。

一、第三人撤销之诉的制度理据评述

在2012年修订《民事诉讼法》之前，学界关于第三人撤销之诉的理论基础以及制度构建方案的研究都是基于立法论视角展开的应然性分析，其中胡军辉博士、张妮博士等提出的“独立型第三人撤销之诉”以及民事诉讼法学界几位权威学者在立法建议稿中提出的“再审型第三人撤销之诉”都颇具创见。2012年《民事诉讼法》确立第三人撤销之诉以及2015年《民诉法解释》实施之后，学界和司法实务界对第三人撤销之诉的适格原告、审理程序以及与其他案外人救济程序

的功能界分等研究大多基于规范分析的进路展开，以下笔者将详细讨论既有的第三人撤销之诉解释论研究所依托的主要制度理据，分析其不足之处。

1.第三人参加制度

2012年《民事诉讼法》采取了将未进入诉讼程序的“有独立请求权第三人”“无独立请求权第三人”与第三人撤销之诉的适格原告相关联的制度设计。正如刘东所指出的，已有多数研究成果对第三人撤销之诉“肯定适用说”的证成大都依赖于文义解释、体系解释、目的解释等规范分析的基本方法。[①]

按照部分参与立法工作的实务界人士的介绍，第三人撤销之诉采取与第三人参加制度关联的制度主要是基于修改条文数量限制的妥协选择。但考虑到法解释学对规范分析的要求和方法，既有的采取“肯定适用说”的观点，大体上都采取以对未获得机会进入诉讼程序的有独立请求权第三人和无独立请求权第三人进行类型化分析的方法，辨析赋予其事后救济机会的必要性。例如，吴泽勇教授提出，可以将有独立请求权的第三人界定为“对当事人争议的诉讼标的主张实体权利的人”、对于无独立请求权的第三人则可以超出通知参加诉讼限制性范围。[②]笔者则提出了第三人撤销之诉的适格原告判断实际上是从“事后救济”视角考察民事主体有无可能以第三人的诉讼地位进入诉讼程序，故二者无须一一严格对应。[③] 张兴美博士进一步提出了第三人撤销之诉适格原告判断“逆推逻辑”，实际上也是通过目的解释的方式缓解第三人

---

① 刘东：《回归法律文本：第三人撤销之诉原告适格再解释》，载《中外法学》2017年第5期。

② 吴泽勇：《第三人撤销之诉的原告适格》，载《法学研究》2014年第3期。

③ 刘君博：《第三人撤销之诉原告适格问题研究——现行规范真的无法适用吗？》，载《中外法学》2014年第1期。

参加制度与第三人撤销之诉的紧张关系。[①] 刘东博士则是以实体权利的类型化分析作为视角，讨论了可能成为适格原告的有独立请求权人和无独立请求权人。[②] 正如张卫平教授所总结的，以有无请求权作为划分标准的第三人参加制度本身存在着结构性缺陷，第三人撤销之诉的引入实际上通过增加“损害阻止型第三人”的方式扩充了第三人参加制度。[③]

第三人参加诉讼是我国 1982 年《民事诉讼法(试行)》所确立的复杂诉讼制度。在当时的立法背景下，共同诉讼、第三人参加诉讼都是在法院诉讼指挥权引导下妥善解决民事纠纷的制度安排。因此，学界基本上已经形成了通过体系解释、目的解释的方法超越第三人参加诉讼、促进第三人撤销之诉规范适用的共识。与此同时，通过对事后救济必要性的规范阐释，第三人参加诉讼制度也获得向规范目的回归的契机，进而为其在立法层面的根本修正做好准备。

2.虚假诉讼的救济

在 2012 年修正《民事诉讼法》之际，遏制虚假诉讼、恶意诉讼被普遍认为是第三人撤销之诉立法的主要目的之一。但在 2012 年《民事诉讼法》同时增加对虚假诉讼行为的强制措施条款后，第三人撤销之诉究竟能否发挥遏制虚假诉讼的功能却呈现出截然相反的观点。

熊跃敏教授等通过对涉及虚假诉讼裁判文书的细致梳理和考察，发现虚假诉讼的发现程序仍然以再审为主，而且检察机关发挥了重要的作用，受到适格原告解释问题的影响，第三人撤销之诉在遏制虚假诉

---

① 张兴美:《第三人撤销之诉原告适格问题研究》，载《法学杂志》2016 年第 6 期。

② 刘东:《回归法律文本:第三人撤销之诉原告适格再解释》，载《中外法学》2017 年第 5 期。

③ 张卫平:《我国民事诉讼第三人制度的结构调整与重塑》，载《当代法学》2020 年第 4 期。

讼方面所发挥功能相对有限。[①] 李浩教授进一步指出，由于 2012 年《民事诉讼法》第 56 条第 3 款的制度设计问题，第三人撤销之诉并不适合用于对受害债权人进行救济。[②] 与前述观点形成对照的是，《全国法院第九次民商事审判工作会议纪要》却对一般债权人是否具有提起第三人撤销之诉适格原告资格进行细化规定，继续"维护第三人撤销之诉设立的初衷，遏制恶意、虚假诉讼"[③]。此外，部分学者亦坚持应当通过对适格主体的扩张解释，充分发挥第三人撤销之诉遏制虚假诉讼的功能。

从规范层面考察其构成要件，虚假诉讼以当事人之间存在恶意串通、意图以诉讼等方式侵害他人合法权益作为前提。而第三人撤销之诉则以生效裁判文书错误、损害第三人合法权益作为其成立要件。二者的启动条件其实存在明显差异。第三人撤销之诉作为一种事后救济程序，其更多的是为未获机会参与诉讼程序的案外人提供一种程序保障和实体救济，至于原生效裁判本身是否涉及虚假诉讼并不是第三人撤销之诉程序启动应当审查的内容，相应地，以遏制虚假诉讼的效果论证第三人撤销之诉的正当性也显得没有必要。

3.既判力相对性原则

第三人撤销之诉是一项渊源极为久远的制度设计，但既判力理论同样是民事诉讼制度体系的基石。要想促进我国第三人撤销之诉程序的司法适用，既判力理论无论如何是绕不开的。即便是在学界和司法实务界已经对第三人撤销之诉的司法适用形成普遍共识的前提下，"否

---

① 熊跃敏、梁喆旎：《虚假诉讼的识别与规制——以裁判文书为中心的考察》，载《国家检察官学院学报》2018 年第 3 期。

② 李浩：《第三人撤销之诉抑或审判监督程序》，载《现代法学》2020 年第 5 期。

③ 王毓莹、史智军：《案外人权利救济制度之相关疑难问题辨析——以全国法院第九次民商事审判工作会议纪要为视角》，载《法律适用》2020 年第 7 期。

定适用说”的一个重要观点仍然值得正面回应和讨论，即是否确立既判力相对性原则，案外人即可以通过另行提起诉讼寻求救济，相应地，就无保留第三人撤销之诉的必要性。

既判力是指“法院作出的终局判决一旦生效，当事人和法院都应当受该判决内容的拘束，当事人不得在以后的诉讼中主张与该判决相反的内容，法院也不得在以后的诉讼中作出与该判决冲突的判断”[①]。在内容上，既判力理论包括客观范围、主观范围和时间范围。其中，既判力的主观范围主要确定的是裁判对于哪些主体有拘束力。既判力理论存在的意义在于其代表了司法裁判的终局性和权威性，它一方面禁止当事人就已经裁判的重新争议；另一方面也防止法院作出前后矛盾的裁判。[②] 在此意义上，凡是不受到既判力效力所及的主体均可以另行起诉维护其合法权益；而被既判力主观范围所覆盖的主体则必须受到既判力的拘束，逻辑上再审之诉是其突破既判力的唯一选择。在德国以及受到德国民事诉讼理论影响的我国大陆和台湾地区，学者对于第三人撤销之诉的排斥与反对几乎无一例外地源于对既判力理论的推崇。按照巢志雄博士的介绍，即使在法国，第三人撤销之诉与既判力在理论上的紧张关系也一直存在：“……第三人撤销之诉与民事判决的既判力形成一种理论上的紧张。第三人撤销之诉允许第三人申请撤销已经生效的民事判决，这将使民事判决实质上的确定力受到威胁。除个别情况外，已生效民事判决都有可能遭到来自第三人撤销之诉的挑战……生效判决的效力范围限定于诉讼当事人(换言之，民事判决既判力的主观范围限于诉讼当事人)，非诉讼当事人的第三人何以能够提起撤销之诉?”[③]但是理论上存在“悖论”并不意味着制度设计上就存在冲突或矛盾。

---

① 张卫平:《民事诉讼法》，法律出版社 2019 年第 5 版版，第 443 页。

② 王亚新:《对抗与判定——日本民事诉讼的基本结构》，清华大学出版社 2010 年第 2 版，第 254～265 页。

③ 巢志雄:《法国第三人撤销之诉研究——兼与我国新〈民事诉讼法〉第 56 条第 3 款比较》，载《现代法学》2013 年第 3 期。

在我国立法和司法实践中，立法机关工作人员和司法实务界人士普遍认为既判力理论无法被中国普通民众的法感情所接受。显然，司法实务界所持的观点就是，既然我国不存在既判力理论，那么第三人撤销之诉可以被广泛适用于解决案外第三人对前诉讼的诉讼标的物提出权利主张、被遗漏继承人对前诉讼已经处理的标的物主张继承权一类的案件，从而避免前后判决出现“矛盾”[①]。笔者仍然坚持认为诉讼标的和既判力理论是整个民事诉讼制度体系的核心，也是我国民事诉讼法典完善和司法实践发展必须坚持和不断靠近的目标。因为只有既判力自身所具有的终局性和权威性才能保障一种规范的秩序得到相对的固定，进而社会生活才能形成一定的稳定秩序，人与人之间的交涉才有预期性，市场经济的发展与繁荣才有可能。

此外，部分研究已经从既判力主观范围扩张、预决效力等视角对第三人撤销之诉存在的必要性进行了论证。[②] 但不论是以既判力相对性否认第三人撤销之诉必要性，还是以裁判效力扩张理论论证第三人撤销之诉合理性的观点，可能都未意识到自己在法律形式主义的立场上走得过远，以至于忘记了究竟为何出发。既判力制度的核心特征可以概括为民事裁判的“终局性”。这种终局性之所以可以赋予民事裁判，在实体层面是基于公权力对私权状态的确认或形成，在程序层面则是基于提供程序保障背景下的当事人自负其责。[③] 所谓既判力就是在保障各方利益主体程序参与的前提下提供一个权威性的私权状态安排方案。就程序层面而言，第三人撤销之诉与另行提起诉讼提供程序保障并无差异，而且并不会加重任何一方诉讼主体的负担；在实体层面，第三人撤销之诉既可以避免明显的矛盾裁判从而影响司法的权威性，还

---

① 此处的“矛盾”并非既判力作用意义上的前后判决矛盾。

② 张兴美：《第三人撤销之诉制度的“使命”探究》，载《法制与社会发展》2018年第4期；廖浩：《第三人撤销诉讼实益研究——以判决效力主观范围为视角》，载《华东政法大学学报》2017年第1期。

③ 关于既判力的“本质”或“根据”的引介可参见王亚新：《对抗与判定—日本民事诉讼的基本结构》，清华大学出版社2010年第2版，第255～256页。

可以为各方利益主体提供相对统一的纠纷解决方案，实际上发挥了共同诉讼的功能。因此，既判力相对性原则本身并不足以成为否认或者限制第三人撤销之诉司法适用概念的工具。而且，在此意义上，既判力理论恰恰是第三人撤销之诉程序的重要理论基础之一，因为它划定了第三人撤销之诉可以运行的空间；反之，第三人撤销之诉亦是既判力理论的“调节器”，弥补了其配套制度功能上的不足。第三人撤销之诉的整体制度设计必须遵循谦抑性原则，充分发挥既判力理论的基础性功能。在具体的解释论层面，对于第三人主张自己系前诉诉讼标的物的真正权利人，要求撤销前诉当事人之间生效裁判的问题，笔者认为在第三人可以证明另行起诉无法充分保护其合法权益的前提下，赋予其提起撤销之诉资格也是符合既判力相对性原则的。这也是结合理论阐释与我国司法实践所做的一种较为现实的选择。

二、第三人撤销之诉体系解释的基本原则

毋庸讳言，《民事诉讼法》第 59 条第 3 款的制度设计确实为第三人撤销之诉的法教义学或法解释学工作提供了诸多挑战。立足于改革开放后我国民事诉讼法 40 多年的理论积累和司法实践，笔者认为，我们仍然可以在遵循现代民事诉讼理念和程序法理的基础上，为第三人撤销之诉的规范适用提供一种理论周严、实操性强的体系化解释论方案。承前所述，一方面，作为事后救济程序，第三人撤销之诉应当适度突破第三人参加制度的“拘束”；另一方面，又不能过分迁就遏制虚假诉讼的司法政策考量而导致救济程序滥用。为了实现其规范目的，笔者提出第三人撤销之诉体系解释应当遵循如下基本原则。

1.避免矛盾裁判原则

第三人撤销之诉与民事诉讼中其他的程序设计最大的区别就在于

它并非一项单纯的程序法设计，而是与程序主体间的实体法律关系紧密相连的。不论是法国理论上生效裁判所具有的“对抗效力”，还是德国、日本学界所广泛讨论的“反射效”，抑或是我国学界和司法实务界对于“预决效力”的讨论，其作用的基本原理都是基于诉讼主体间存在某种具有牵连或者依存性质的实体法律关系，需要通过特定的诉讼程序加以统一解决。

以学界讨论较多的反射效理论为例，虽然各国/地区的学界和司法实务界对这一理论的争议较多，也并未广泛采纳，但即使不赞同反射效理论的学者也认为其“所提如何将实体法上依存关系或从属关系反映于纷争解决结果上之问题，实亦属有关如何统一解决三面纷争（涉及多数主体间纷争）之诉讼法学上一课题”[①]。有学者总结了八个学界经常用来讨论反射效问题的经典事例，包括债权人对主债务人提起诉讼，经认定主债务不存在而判决其败诉时，债权人再向保证人提起履行保证义务之诉时，债权人不得争执主债务不存在；连带债务人之一所受到的确定判决，如果这一判决不是基于个人关系而是为其他连带债务人之共同利益，则该判决对其他连带债务人发生反射效力；因为股东、合伙人的权利在实体法中从属于无限公司及合伙，所以无限公司和合伙所受确定判决的效力均反射及于股东和合伙人；由于责任保险的保险人应对受害第三人负担保险金给付责任，故保险人就被保险人与第三人间的被保险人败诉判决，在实体法上受到不利反射效所及；出租人与承租人间确定判决的效力，有利地及于次承租人；分别共有人之一请求第三人返还共有物并获得胜诉判决时，其他共有人受到该判决反射效有利所及；一般债权人是否及如何会受到债务人与第三人间判决反射效的影响；分配表异议之诉中异议债权人是否受到债务人与被异议债权人间确定判决反射效所及。[②] 不论采取何种学说或者立场，上述八个

① 邱联恭：《口述民事诉讼法讲义（三）》，2012 年自印版，第 340 页。

② 李亦庭：《反射效之研究——自诉讼法及实体法兼顾观点》，台湾大学法律学院 2010 年硕士学位论文。

事例均反映出由于当事人与第三人之间存在特定的实体法律关系，在没有第三人参加的情形下，法院仅对当事人间系争法律关系作出裁判可能会间接地影响到第三人的合法利益。这种影响方式不同于判决效力的直接作用，而是透过第三人与当事人间的实体法律关系间接发生效力。

在更深层次的意义上，反射效等理论是对传统的诉讼标的、既判力理论的一种反思。避免因为程序法上过度的概念建构导致诉讼不经济和矛盾裁判。从正面效果来说，反射效是对既判力的一种补充，避免法院在该案外人与一方当事人的后诉中作出矛盾裁判，从而保证了法院生效裁判的实效性，实现纷争的一次性解决。从负面效果来说，反射效也可能会不利地及于未参加诉讼的案外人，从而使其在未获得程序保障的前提下就遭受不利影响。在解释论上，固然可以选择"有利扩张"的策略，但这种解释论思路在利益选择上已经倒向案外人一方，可能会损害原诉讼中败诉一方当事人的诉权。相反，正如再审之诉之于既判力理论，第三人撤销之诉正好可以成为反射效理论的"阀门"。因为，第三人撤销之诉正是为了协调诉讼法效果与实体法效果不统一而设置的一项程序。

最后，同样要回到我国民事诉讼制度体系的语境下，正如前文所述，随着《民诉法解释》以及大量司法裁判的出现，既判力主观范围的扩张以及预决效力等概念已经开始逐步被我国司法实务所接受。加之现实生活中公私交错的复杂财产权关系导致的民商事纠纷主体的多元化，都意味着生效裁判在我国司法实践中可能影响的民事主体范围会超过比较法上既判力理论所能够涵盖的范围。立足超越法律形式主义的视角，在解释第三人撤销之诉的司法适用时应当考虑有无为实体法律关系的确认或形成提供统一的诉讼程序，从而避免矛盾裁判的发生。

2.程序保障的多元化实现

近年来，各个国家和地区民事诉讼理念发展的共同趋势是强调对当事人或者民事权利主体的程序保障。本书在第 2 章中已经对"程序保障”的相关理论做过较为详细的介绍，这里不再赘述。我国民事诉讼法学界的老前辈江伟教授也强调应当将“包含实体性目的和程序目的在内的多元论”作为民事诉讼的目的，为当事人提供“正当程序”的保障。[①] 但不同诉讼主体之间的程序和实体利益也可能存在冲突，必须从机制设计甚至价值平衡等方面进行权衡和取舍。在第三人撤销之诉程序中，该程序启动权被赋予案外第三人，对于第三人而言，其享受的事后程序保障应该是最为优厚的。案外第三人在未受到任何前诉程序保障的前提下主张自己的民事权益受到侵害，作为事后救济程序的第三人撤销之诉应当为其提供不低于一审普通民事诉讼程序的程序保障机制以维护其程序主体权并保护其合法的民事权益。而从原诉讼当事人的立场出发，已经经过法院审慎裁判的案件因为第三人的起诉致使其被重新拖入新的诉讼程序之中，导致生效法院裁判确认或者形成的法律关系再度陷入不确定状态，原诉讼当事人除了面临可能的实体利益损失外，还有诉讼成本等方面的增加。即使第三人提起的撤销之诉被最终驳回，原诉讼当事人仍然必须承担时间上的诉讼拖延等不利益。而且，这类利益损失对于原诉讼中胜诉一方当事人而言可能更为严重。因此，如何在具体的制度设计上平衡保护案外第三人和原诉讼当事人的不同利益显得尤为重要，也是必须坚持的原则之一。

在现代国家中，作为公共服务的提供者，人民法院负有作出正确、公正裁判的义务。同时，现代国家和社会也要求法院作出裁判具有快速、经济的特点，尽量使民事纠纷能够得到统一的解决，避免出现矛盾裁判从而损害司法的权威性。从比较法的角度来看，各个国家和地区都以真实维度——判决的正确性，时间维度——是否过分延迟，成本维度——资源的投入与提供的权利保护措施等三维要素的平衡作为衡量

---

① 江伟：《民事诉讼法专论》，中国人民大学出版社 2005 年版，第 61～62 页。

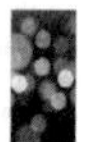

一国民事司法程序是否良好运行的重要标准。[①] 站在法院的立场上，第三人撤销之诉管辖制度、诉讼合并等具体制度安排直接关系到案件量在不同层级法院的分配、纠纷解决的彻底性，从而影响到法院的司法审判能力和作出裁判的质量。此外，我国法院系统内部的司法管理和考评机制也是直接影响第三人撤销之诉程序运转的重要因素之一。第三人撤销之诉在客观上虽然具有纠正错误裁判的功能，但是否要像再审程序一样成为法院司法管理中错案追究的指标之一需要慎重考虑。

作为一项特殊的救济程序，第三人撤销之诉的制度设计与安排必须在不同的程序主体的不同利益层次之间寻求平衡与协调，从而保障其程序运行的实效性，进而实现立法者所设定的规范目的。

3.体系解释与目的解释并重原则

正如拉伦茨所言，法律解释的最终目标在于探求"法律在今日法秩序的标准意义"[②]。从事法律解释作业必须依赖于大陆法系成熟的解释标准和方法，文义解释、体系解释和目的解释都是解释论上最为基本和重要的方法。之所以特别强调体系解释和目的解释的重要性，正是源于第三人撤销之诉制度设计的特殊性。所谓"体系解释"是指"以法律条文在法律体系上之地位，即依其编章节条款项之前后关连位置，或相关法条之法意，阐明规范意旨之解释方法"；而"目的解释"则指"以法律规范目的，阐释法律疑义之方法"。[③] 本书一再强调所做的工作是一种解释论而非立法论作业，故而与现行《民事诉讼法》所规定的基本制度和程序协调一致，使得第三人撤销之诉程序一方面能够成为我国既

---

① 相关论述可参见[英]阿德里安 A.S.朱克曼主编：《危机中的民事司法：民事诉讼程序的比较视角》，傅郁林等译，中国政法大学出版社 2005 年版，第 4～9 页。

② [德]卡尔·拉伦茨：《法学方法论》，陈爱娥译，商务印书馆 2005 年版，第 199 页。

③ 杨仁寿：《法学方法论》，中国政法大学出版社 1999 年版，第 140、168 页。

有民事诉讼制度体系的有机组成部分，另一方面则能在司法实践中良好运行，实现立法者所预设的规范目的。

具体而言，第三人撤销之诉的主体要件采取了与第三人参加诉讼制度直接关联的制度设计，那么，在解释论上如何定位和协调两项制度就显得极为重要。此外，第三人撤销之诉与在既判力理论下的当事人独立提起后诉、一般意义的再审之诉及最高人民法院司法解释所确立的案外人申请再审、执行救济程序中的第三人异议及第三人异议之诉等多项理论和现行法律规定上的程序都存在功能或界限上的“纵横交错”或者“似是而非”。坚持体系解释的原则就是要明确适用不同程序的顺位，避免法律适用上的冲突。

2012年修订后的《民事诉讼法》增加了第三人撤销之诉程序意在防止当事人通过恶意诉讼损害第三人的合法权益，[①]但民事诉讼法制度体系本身同样需要平衡多重实体和程序目的。因此，在第三人撤销之诉的解释论构建上需要从目的解释的角度确定整个程序的定位和功能。综上所述，体系和目的解释的方法在第三人撤销之诉的解释适用上具有重要的指导作用。

三、第三人撤销之诉的整体解释论

在明确自身定位及与其他类似程序的关系后，笔者将从主体要件、客体要件和诉讼程序等三个方面进行第三人撤销之诉解释论体系的全面建构。在整体结构上，每一方面的论述均以比较法上的考察和分析作为切入点，然后结合我国学界和司法实务界对相关问题的理论探讨和实践经验，提出体系化阐释相关构成要件的具体方案。

---

① 全国人大常委会法制工作委员会民法室编：《中华人民共和国民事诉讼法条文说明、立法理由及相关规定》，北京大学出版社2012年修订版，第86～87页。

这里先阐明各个要件整体解释论工作的思路：

首先，在主体要件方面，笔者将集中讨论第三人撤销之诉的原告适格问题，这也是第三人撤销之诉的核心要件所在。从比较法的视野考察，法国在法律规范层面对于第三人撤销之诉原告适格范围的界定是最为宽泛的，但通过多年的司法实践经验总结和判例积累，法国已经基本上形成比较确定的原告适格判断标准；出于慎重考虑，我国台湾地区在“立法”之初就有意限缩第三人撤销之诉原告适格的范围，现在学界也基本上形成一定的类型化共识，但在司法实践中对于第三人撤销之诉原告适格的判断仍然尚未形成统一的标准。笔者提出应当主要以事后救济程序赋予的必要性、民事实体法律关系的牵连性、遏制虚假诉讼的立法目的以及代表人诉讼法理作为原告适格判断的正当性基础，适度扩大解释第三人撤销之诉原告适格范围。作为支持扩大解释论的论证，笔者还将对第三人撤销之诉的适格原告展开类型化分析，阐明第三人撤销之诉在规范和完善第三人参加诉讼制度、遏制虚假诉讼等方面可能发挥的作用。

其次，客观要件方面主要围绕诉的利益及加重起诉条件和撤销对象展开。为了避免滥用诉权行为的发生，笔者提出以诉的利益和加重起诉条件反向限制第三人撤销之诉程序的启动。其中，诉的利益的判断与必要共同诉讼、另行起诉、审判监督程序等均具有密切的联系，如果民事主体可以通过其他途径获得充分的权利救济，那么他就不具备提起第三人撤销之诉的利益。同样，不论对于涉及第三人的复杂纠纷，还是虚假诉讼现象，第三人撤销之诉也存在固有的局限性。关于撤销对象的讨论和研究主要是为了进一步细化和类型化第三人撤销之诉的司法适用。从比较法的角度来考察，法国和我国台湾地区第三人撤销之诉的撤销对象都存在逐渐扩大的趋势。现行法律明确规定了只有判决书、调解书和裁定可以作为撤销对象。但我国各类生效法律文书的功能和界限并不明确，对于判决书而言，主要争议点在于对非讼案件的讨论和分析。裁定书所涉及的问题更为复杂，我国的民事裁定既可以用于解决实体问题，也可以用于解决程序

问题,特别是在 2012 年修订《民事诉讼法》时增加了确认调解协议和实现担保物权两项非讼程序后,部分民事裁定不仅具有终局性,而且具有执行力。调解书本质上代表的是审判权对于当事人处分权行使的一种监督,而且调解在我国本身就是人民法院行使审判权的一种方式。因此,调解书可能会成为一种主要的撤销对象。现行法律并未将仲裁裁定规定为撤销对象,但司法实践中却存在适用第三人撤销之诉的必要性,考虑到民事程序法的体系问题,笔者建议在仲裁法中统一考虑是否将其纳入撤销对象的范围。

最后,在诉讼程序的安排方面,立法机关并未作过多的规定和限制,笔者将从起诉期间、管辖制度、审理及救济程序、诉的合并及裁判、法律效果五个方面展开讨论和分析。其中,现行法律对起诉期间和管辖制度作出了明确的规定,但结合《民事诉讼法》第 39 条规定的管辖权转移制度,仍然可以在不突破现行法律规定的前提下使第三人撤销之诉的管辖权尽量下移,从而在司法政策上实现便于当事人诉讼、促进纠纷一次性解决的目的。审理及救济程序的安排与管辖制度联系密切,但在具体方案设计上,立法机关与司法实务部门却存在较大的分歧。作为解释论作业,本书的主要目的是将第三人撤销之诉程序嵌入尚不十分完善的民事诉讼制度体系中。笔者拟以管辖制度与审理及救济程序的不同安排提出程序整体设计的四个方案,并以程序保障、诉讼成本、纠纷一次性解决、各级法院工作负担合理分配以及司法公信力五项"指标"衡量各个方案的优劣之处。最终,选择出最适合我国既有民事诉讼制度体系的程序设计。诉的合并及裁判是第三人撤销之诉审理过程中的又一重要问题,笔者认为,法律已经明确规定当事人既可以在第三人撤销之诉中请求撤销生效裁判,也可以请求法院改变生效裁判。法国对于撤销和改判的区分主要是基于法院审级的不同,而我国台湾地区虽然在第三人撤销之诉的"立法"讨论过程中并未意识到法国立法例进行前述区别规定的根本原因,但在司法实务中一直坚持可以适用诉的客观合并。我国的审判监督程序与一般大陆法系国家和地区存在较大的差别,不应当照搬审判监督程序的审理程序设计第三人撤销之诉的相关程序。从目的解释、文义解释以及体系解释等多个视角出发，对于第三人撤销之诉在适时情形采取客观合并的方式进行审理是有利的。在法律效果方面，裁判的绝对效力原则与既判力理论是存在矛盾的，但透过诉的合并等制度设计其实可以在一定程度上缓和这种矛盾。

第五章

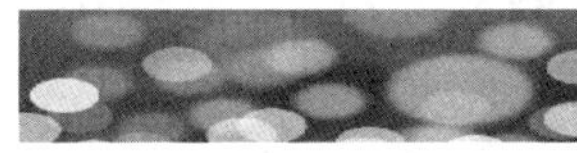

第三人撤销之诉主体论

第三人撤销之诉的适格主体既包括适格原告，也包括适格被告。因为第三人撤销之诉的撤销对象是已经生效的民事裁判文书，其适格被告的范围比较明确，即限于原生效裁判文书所拘束的当事人。[①] 第三人撤销之诉能够为未获得机会参与原诉讼程序的案外人提供事后救济，在此意义上，适格原告的范围直接决定了此项程序运行的效果。学界对第三人撤销之诉能否适用以及适格原告的范围大小一直存在较大争议，笔者曾将 2015 年《民诉法解释》实施前学界对于第三人撤销之诉适格原告问题的理论争议概括为"否定适用说"和"肯定适用说"。[②] 在学界和司法实务界逐渐对"肯定适用说"形成共识后，部分学者仍然对第三人撤销之诉适格原告的判断标准以及虚假诉讼的受害人能否成为提起第三人撤销之诉的适格原告存在分歧。因此，本章主要以 2015 年《民诉法解释》实施后有关第三人撤销之诉适格原告判断标准的学术梳理作为起点，提出第三人撤销之诉适格原告判断的识别标准与类型化方案。

---

① 参见《民诉法解释》第 298 条。

② 刘君博：《第三人撤销之诉原告适格问题研究——现行规范真的无法适用吗？》，载《中外法学》2014 年第 1 期。

一、现有学说的展开

在2015年《民诉法解释》实施之前，由于司法实践中的案例素材较少，尽管持“肯定适用说”观点的学者对第三人撤销之诉的必要性以及可适用性进行较为充分的论证，但诚如王亚新教授所指出的，对第三人撤销之诉适用的“规范化程度仍有待于提高，原告适格等解释适用问题还需要进一步澄清”[①]。现阶段，按照第三人撤销之诉适格原告范围从宽到窄，可以将已有的学说观点整理为“扩张适用说”、“适度适用说”与“限缩适用说”三种立场。

“扩张适用说”主要是一些民事诉讼法学界的中青年学者和部分司法实务界人士所主张的观点。其基本观点是因为《民事诉讼法》并未对虚假诉讼的受害人提供事前程序保障，同时第三人参加诉讼制度又存在固有的缺陷，因此，立足事后救济的视角对适格原告的范围进行目的性扩张解释，将法定诉讼担当的被担当人、类似必要共同诉讼的潜在当事人解释为第三人撤销之诉的适格原告。[②] 刘东博士等也主张，未进入诉讼程序的“有独立请求权第三人”实际上已经成为提起第三人撤销之诉适格原告的主要形态，而且虚假诉讼、恶意诉讼的受害人亦可以被解释为有独立请求权第三人，从而成为提起第三

① 王亚新：《第三人撤销之诉原告适格的再考察》，载《法学研究》2014年第6期。

② 张兴美：《第三人撤销之诉原告适格问题研究》，载《法学杂志》2016年第6期。

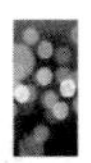

人撤销之诉的适格原告。[①]

“适度适用说”的主要观点是，第三人撤销之诉采取与第三人参加诉讼相关联的制度设计，虚假诉讼的受害人因为不属于未进入诉讼程序的有独立请求权第三人和无独立请求权第三人，故而无法成为第三人撤销之诉的适格原告。基于前述文义解释的立场，李浩教授主张应当将审判监督程序作为虚假诉讼受害人救济的主要方式。[②]金印博士虽然不认同虚假诉讼的受害人既不属于有独立请求权第三人也不属于无独立请求权第三人的观点，却也认可其不属于第三人撤销之诉的适格原告，应当通过撤销权之诉或者债务人异议之诉寻求救济。[③] 简而言之，“适度适用说”与“扩张适用说”的主要区别在于虚假诉讼的受害人，也就是所谓的“一般债权人”能否成为第三人撤销之诉的适格原告。

相较于前述两种观点，“限缩适用说”属于少数学说，其本质上是对“否定适用说”方法论上的一种扬弃。“限缩适用说”以实体法上财产权利的变动为视角，提出民事生效裁判侵害第三人权利的类型可以划分为“实体权益侵害型”和“程序权利侵害型”，其中，只有判决承担民事责任的被告型无独立请求权第三人有通过第三人撤销之诉程序寻求救济的必要性，其他情况均可以通过另诉解决。[④] 相较于“否定适用说”以既判力相对性原则的程序法理作为分析工具，“限缩适用说”立足于法律文本的文义解释、体系解释的方法对“损害其民事权益”这一要件进

① 刘东：《回归法律文本：第三人撤销之诉原告适格再解释》，载《中外法学》2017 年第 5 期；田海鑫：《民事虚假诉讼的裁判效力及救济路径》，载《东南学术》2020 年第 5 期。实务界观点可参见周克文：《厘清第三人撤销之诉与案外人申请再审的关系》，载《法律适用》2020 年第 9 期。

② 李浩：《第三人撤销之诉抑或审判监督程序》，载《现代法学》2020 年第 5 期。

③ 金印：《诉讼与执行对债权人撤销权的影响》，载《法学》2020 年第11 期。

④ 任重：《回归法的立场：第三人撤销之诉的体系思考》，载《中外法学》2016 年第 1 期。

行规范分析,其方法论上的意义值得肯定。不过,其以原《物权法》第28条的物权变动规则分析侵权诉请的救济必要性,在论证逻辑上存在明显的疏漏,致使其最后得出的结论其实与"否定适用说"无异。

二、第三人撤销之诉原告适格的正当性基础

当事人适格,是指就具体的诉讼,有作为本案当事人起诉或者应诉的资格。通常来说,以当事人是否是诉讼标的(实体法上的民事法律关系)的归属主体来判断其是否为适格的当事人。但在某些例外情况下,非诉讼标的的归属主体也可以作为适格的当事人。[①] 第三人撤销之诉作为诉讼法上的形成之诉,在判断其当事人适格之际应当考虑法律条文的规定以及原告、被告对于形成之诉的结果是否具有利益。从比较法的角度出发,法国在判断原告能否提起第三人撤销之诉时主要依据其是否与要求撤销的判决存在利益;我国台湾地区则将判断原告是否具有"法律上的利害关系"转换为判断原告是否受到判决效力所及。对于第三人撤销之诉而言,如果把原告适格的判断标准设置得过于严格,则一方面无法实现立法目的,不利于保护第三人的合法权益、遏制日益增加的虚假诉讼等现象;另一方面也与现代民事诉讼追求纠纷一次性解决的发展理念相悖。但如果不加限制地使受到本诉案件处理结果影响的任何案外人都能够成为提起第三人撤销之诉的适格原告,则可能会导致法院生效裁判所形成的法律秩序持续地处于不稳定的状态。

与法国立法例不同的是,2012年修订的《民事诉讼法》将第三人参加诉讼制度与第三人撤销之诉融为一体,并将第三人撤销之诉的适格原告与第三人参加诉讼的主体直接相关联。上述制度设计是导致"适度适用说"和"限制适用说"认为第三人撤销之诉在司法实践中难以适

---

① 张卫平:《民事诉讼法》,法律出版社2013年第5版,第138~139页。

用的直接原因。笔者认为，第三人撤销之诉与第三人参加诉讼是两项紧密联系又有所区别的程序，过多地将二者的主体要件放在同一层面考虑会使两项程序均走向困境。虽然现行《民事诉讼法》第59条第3款开宗明义地规定"前两款规定的第三人"可提起撤销之诉，即原告适格范围应与这一规定相对应，但解释上仍存在事后确定的"第三人"与事前可能参加诉讼的第三人在范围上不完全吻合的余地。按照我国现行法律规定，第三人参加诉讼制度启动的决定权在原告、法院和第三人自己。所谓"有独立请求权第三人"和"无独立请求权第三人"是对已经参加到诉讼中的"案外人"的诉讼主体定位。如果"案外人"并没有以"有独立请求权第三人"和"无独立请求权第三人"的身份参加到诉讼中，那么判断是否应当再赋予其事后的救济途径主要应当考量其主观上有无怠于行使诉讼权利的故意或过失。

在民事诉讼理论上，当事人适格虽然属于诉讼要件研究的重要组成部分，但判断当事人适格的主要标准却是一个具有浓厚实体法性质的问题。本书并不想就当事人适格判断的一般基准问题展开讨论，而仅仅就第三人撤销之诉的适格原告展开一个类型化的分析。为了平衡立法目的与维护法律秩序稳定的价值追求，笔者认为解决我国第三人撤销之诉原告适格问题，一方面应当借鉴学界和司法实务界关于有独立请求权和无独立请求权第三人的理论研究和实践经验，另一方面则应当综合运用目的解释和体系解释的方法，进而为确定第三人撤销之诉原告适格的判断标准提供较为坚实的理论支撑。

首先，进行第三人撤销之诉原告适格的判断，应当站在"事后救济"的视角，考虑案外人有无可能以有独立请求权或者无独立请求权第三人，甚至以共同诉讼主体的身份参加到原诉讼之中。能够提起第三人撤销之诉的适格原告必然没有参加到原诉讼之中，因此，从事后救济的角度判断当事人参加到原诉讼中的地位，其既可能作为有独立请求权第三人主动提起诉讼；也可能作为无独立请求权第三人被通知参加诉讼或者申请参加诉讼；还可能作为原诉讼的共同原告或者共同被告。因为根据我国目前的相关司法解释和诉讼实务，某些情形下的固有必要共同诉讼与许多类似必要共同诉讼中，在原、被告与第三人的诉讼地位之间存在着相互转换的余地。在此意义上，第三人撤销之诉的适格原告范围与第三人参加诉讼制度的主体范围不必非要做到严格对应。

其次，判断第三人与案件处理结果有无法律上的利害关系，还应当以实体法上的民事法律关系甚至法律事实作为判断基础，分析第三人与原诉讼当事人之间存在何种权利义务关系。关于无独立请求权第三人参加诉讼制度的“义务性关系说”和“权利义务性关系说”严格遵循了解释论的立场，其不以第三人能否实际参与到诉讼中的状态作为判断基准，而是以实体法上的民事法律关系作为基础，为笔者类型化分析第三人撤销之诉的原告适格问题提供了一个重要的理论支撑。

再次，从目的解释的角度出发，应赋予虚假诉讼的被害人以未参加诉讼的有独立请求权第三人的身份提起第三人撤销之诉的原告适格。正如前文所述，肖建华教授曾经建议扩张理解有独立请求权第三人的范围，将诈害诉讼的被害人纳入其中；持第三人撤销之诉“否定适用说”立场的部分学者也主张应当建立诈害防止参加之诉。笔者认为，在现行制度框架下，诈害诉讼往往表现为通过虚假诉讼的方式损害一般债权人的合法权益。在司法实践中，被害人并不知悉虚假诉讼正在进行之中，自然也就无法提起诈害防止参加之诉。从遏制虚假诉讼、保护第三人利益的立法目的出发，通过法律解释赋予诈害诉讼的被害人以未参加诉讼的有独立请求权第三人的身份作为适格原告提起第三人撤销之诉更能保护其合法利益。

最后，第三人撤销之诉适格原告的利益（包括程序利益和实体利益）在原诉讼中是否被充分代表是判断其能否寻求事后救济的“兜底”标准。如果基于法律规定，第三人的诉讼实施权被赋予原诉讼中一方当事人行使，但该当事人却未能提出全部攻击防御方法维护第三人的合法权益，在必要情形下，应当赋予此类第三人提起撤销之诉的权利。

综上所述，笔者认为应当以事后救济的必要性作为判断第三人撤销之诉原告适格的出发点，以原告与原诉讼当事人之间的实体法律关系作为类型化的基础，适度地扩大解释未参加诉讼的第三人范围，在坚持立法者所设定的规范目的的前提下，对第三人撤销之诉的主体适格问题进行类型化的分析和具体判断。

三、第三人撤销之诉原告适格的类型化分析

1.未参加诉讼的有独立请求权第三人作为适格原告

（1）对诉讼标的物享有民事实体权利的第三人

我国的民事诉讼法理论上往往将"诉讼标的"与"民事法律关系"直接对应，而在司法实践中以民法上的请求权作为判断第三人对诉讼标的或标的物是否具有独立请求权是最直接和普遍的操作方式。在民法的权利体系中，债权表现为请求特定人为特定给付的权利，具有相对性；而物权则表现为权利主体对标的物具有排他的支配性权利，具有对世效。上述民事权利特点反映在诉讼领域中就表现为针对他人之间民事纠纷具有独立请求权的第三人往往在实体权利属性上对于诉讼标的物直接享有物上请求权，或者基于债权债务关系对诉讼标的物享有债权请求权。在此情形下，第三人所享有的独立请求权一般是较为明确的，其作为第三人撤销之诉的适格原告也比较容易识别和判断。

【案例一】[①] B与A是母子关系，A与C是夫妻关系。A与C婚后共同出资购买了一处房屋，但房屋产权登记在A名下。A欲与C离婚又想独占房产，便让母亲B向A本人提起房屋权属确认之诉，在诉讼过程中B出示虚假借条证明其系诉争房屋的实际出资人及购房人，

---

① 本书所使用的案例一至案例十二均为笔者根据从北京市海淀区人民法院内部调研报告、北大法宝数据库以及互联网上新闻报道等渠道收集到的真实案例改编、提炼而成，具有较高的现实参考价值。

A也当庭表示自己系名义购房人，其母亲是房屋的真正所有权人。法院随即作出判决确认B对争讼房屋享有所有权。

在案例一中，A与C系夫妻关系，系争房产虽然登记在A的名下，但若为二人婚后共同出资购买，则该房产应为A与C的夫妻共有财产。根据物权的公示公信原则，A是房屋名义上的所有权人，B仅以A为被告向法院提起确认房屋权属之诉符合提起民事诉讼的法定要件。夫妻共有财产制度设计本意在于保护夫妻的合法权利和财产利益，维护平等、和睦的家庭关系，并保障夫妻与第三人交易安全。在对抗制民事诉讼中，夫妻任何一方均应该是夫妻共有财产的利益代表和维护者。但在案例一中，A与B恶意串通，其在诉讼中根本无法代表C的利益。如果法院据此作出生效裁判，笔者认为必须赋予C一定的救济途径。

在我国司法实践中，妻子能否作为实质意义上的当事人以"应当参加诉讼的当事人，因不能归责于本人或者其诉讼代理人的事由，未参加诉讼"为由向法院申请再审是一个很难回答的问题。笔者认为在司法实践中可能会有法院受理上述再审申请。我国《民事诉讼法》第五章第一节的标题为"当事人"，有独立请求权和无独立请求权第三人在广义上均属于"当事人"。从文义解释的角度出发，在本案中认为妻子属于应当参加诉讼的有独立请求权第三人，进而赋予其申请再审的权利似乎也能够自洽。但从规范层面分析，按照《民法典》第307条的规定，除法律另有规定或者第三人知道共有人不具有连带债权债务关系外，因共有的不动产或者动产产生的债权债务，在对外关系上，共有人享有连带债权、承担连带债务。就本案而言，B仅起诉共同共有人之一A完全符合我国民法关于连带责任和民事诉讼法关于起诉条件的相关规定。原告在提起诉讼时具有处分权，他有权利决定起诉全部共同共有人或者仅起诉共有人之一。就A与B之间的民事诉讼而言，C并不属于"应当参加诉讼的当事人"。

如果C以不受既判力所及为由另行提起诉讼要求确认房屋的共同所有权，则我国法院一般会以"一事不再理"为由驳回原告的立案申请。即使后诉法院受理了C的立案申请，因为涉诉房屋属于A和C共同所有，前诉生效裁判已经确认房屋归B所有，后诉裁判如果确认房屋属于A、C共有财产，则会造成法院生效裁判的相互冲突。在本案中，第三人作为共同共有人对诉讼标的物直接享有民法上的权利主张，在其不知道原审诉讼的情形下，应当赋予其提起第三人撤销之诉的资格以保护其合法权益。

【案例二】 A与B双方订立房屋买卖合同后，房价大幅上涨，出卖人A反悔。出卖人A与其亲属C伪造已先行将房屋出售给C的房屋买卖合同，C以A未履行双方的房屋买卖合同为由向法院起诉A，A在审理中同意将房屋过户给C，双方达成调解协议并经司法确认后将涉诉房屋过户至C名下，导致A与B之间的房屋买卖合同无法履行过户手续。

案例二是典型的当事人虚构“一物二卖”的情形，虚假诉讼的被害人依据房屋买卖合同具有要求交付标的物的债务履行请求权，对诉讼标的物享有独立的请求权。如果B在知悉A与C之间诉讼的前提下，可以依据《民事诉讼法》第59条第1款的规定独立提起诉讼。但在A与C恶意串通而进行虚假诉讼骗取法院调解书的情形下，B往往不可能知悉A与C二人之间已经进行的虚假诉讼情况，按照《民事诉讼法》的立法精神，如果非因可归责于己的事由未提起诉讼，B可以依据该法第59条第3款的规定提起撤销之诉进而维护自己的权利。“否定适用说”的主要立论基础是以德国、日本民事诉讼理论为代表的既判力相对性原则，即法院裁判原则上仅对提出请求及与请求相对的当事人有拘束力，对与诉讼标的无关的案外人不发生效力。① 按照其观点，被害人B不受到A与C之间民事裁定的效力所及，可以依据房屋买卖合同要求A交付房屋；但因为房屋已经过户到C的名下，A无法履行合同义务，只能承担金钱赔偿的违约责任。在此情形下，B所获得的权利救济显然不及提起第三人撤销之诉全面、周延；违约之诉根本无法阻碍出卖

---

① 陈刚：《第三人撤销判决诉讼的适用范围——兼论虚假诉讼的责任追究途径》，载《人民法院报》2012年10月31日第7版。

人A实现欺诈被害人B的意图。假设B能够以A和C为共同被告提起侵权损害赔偿之诉,但在房价大涨的社会现实情况之下,被害人依然很难得到充分的权利救济。

需要特别注意的是,"否定适用说"提出的有独立请求权第三人不受到判决效力所及,可以通过另行起诉的方式获得救济在司法实践中可能是更广泛存在的。当第三人可以通过另行提起诉讼获得充分救济的情况下,其确实不具有提起第三人撤销之诉的利益。但在案例二的情形下,第三人撤销之诉能够为虚假诉讼的被害人提供更为周延的权利救济,保护其依据房屋买卖合同应当获得的期待利益,符合遏制虚假诉讼的立法目的。

在司法实践中,有独立请求权第三人提起诉讼的案例本身并不多见,而以提起虚假诉讼的方式侵害有独立请求权第三人合法权益的案例在司法实践中出现概率也不高,因为有独立请求权的第三人往往是诉讼标的或标的物的真正权利人,他可以通过采取违约金约定、保全以及执行救济等多种措施维护自己的合法权利。在案例二中,第三人撤销之诉为虚假诉讼的被害人提供了一种更加全面的权利救济方式。

(2)诈害诉讼中的被害人

在判决的效力体系中,判决的事实效力(证明效力)在我国司法实践中发挥着重要的作用,即法院在前诉判决中所认定的事实可能会影响法官对后诉事实的认定。《最高人民法院关于民事诉讼证据的若干规定》第10条将"已为人民法院发生法律效力的裁判所确认的基本事实"规定为当事人无须举证证明的事实。在司法实践中经常出现前案当事人相互串通制造虚假诉讼从而骗取判决对于某项事实的确认,随后即以此为由向第三人提起诉讼。

【案例三】 A与B系夫妻关系,感情稳定。A因做生意需要曾向C借款500万元,后因金融危机影响血本无归。为避免C向A与B追索债务,A与B诉讼离婚,在庭审中双方达成协议A与B均同意离婚,A同意将原本登记在自己名下的房屋、车辆等重要财产全部过户至B

名下,并要求法庭出具调解书予以确认,A在离婚后没有任何财产可供清偿对C的债务。

上述案例三是司法实践中通过虚假离婚诉讼逃避债务的典型案例,但是按照《民法典婚姻家庭编解释法解释(一)》第35条的规定,"当事人的离婚协议或者人民法院的判决书、裁定书、调解书已经对夫妻财产分割问题作出处理的,债权人仍有权就夫妻共同债务向男女双方主张权利"。上述逃避债务的意图可能无法实现。但从民事诉讼的理论视角分析上述案例,AB离婚并分割财产是两个独立的诉讼标的,而且一般债权人C对于A与B之间的诉讼在纠纷事实、法律关系抑或民事实体权利等任何一个层面上都没有独立的请求权。此外,法院对于A与B之间的离婚和分割财产诉讼所作出的裁判的固有效力也不及于C。法院的生效裁判并不直接影响A与C之间债权债务关系是否存在,而仅仅影响的是C的债权能否实现。在此情形下,C实际上是受到了判决的事实效力的不利所及。

【案例四】 A公司系濒临破产或已资不抵债的企业,因马上面临财产的重新分配,为避免债权人追索财产,A公司的企业主B以A公司的名义与其亲属C虚构大量债务关系,由C在破产程序中申报债权参与A公司企业财产分配;或者企业主B与管理人员D虚构A公司拖欠工资报酬的情况,后由管理人员D起诉A公司要求在企业财产中以劳动者报酬优先受偿权优先支付工资或在破产程序中申报职工债权等优先受偿。

【案例五】 A公司与B公司系合作联营关系,以A公司名义对外进行签约及经营,后因合作联营生意亏损欠下C公司上千万元的债务,为规避C公司追索债务,A公司与B公司秘密达成一致,意图将A公司旗下核心资产转移至B公司,使A公司变成空壳公司。于是,A公司与B公司签订倒签日期的解除双方合作联营关系的协议书,B公司向法院起诉A公司,要求确认解除双方合作合同关系并要求违约损害赔偿。在庭审中,A公司同意解除双方合作关系并同意以其名下资产对B公司进行巨额赔偿,双方当庭达成调解协议并通过法院进行司法确认。

与案例三相似，在案例四和案例五中，当事人均试图通过虚假诉讼的方式骗取生效裁判，进而损害案外一般债权人的合法权益。对于案外债权人而言，他们对原诉讼的诉讼标的不直接享有独立的请求权，也并不受到生效裁判的固有效力直接所及。而且按照我国民法的相关规定，债权人对于债务人与第三方之间形成的债权债务关系除了在有法定的撤销权或代位权情形以外，均不能干涉。上述虚假诉讼的裁判结果也不会涉及确认或创设新的权利义务关系，他们仅仅会影响到案外人的债权能否如期实现或者实现的比例能够达到多少。目前，学界对虚假诉讼的受害人能否提起第三人撤销之诉争议最大。除了持"扩张适用说"立场的学者认为赋予虚假诉讼受害人适格原告资格符合第三人撤销之诉的立法目的之外，吴泽勇教授则提出，虚假诉讼的受害人提起第三人撤销之诉需要以满足实体上撤销权行使的构成要件作为前提。[①] 债权人的撤销权和代位权共同构成了民法上债的保全制度。其中，债权人的撤销权在行使方式以及部分功能等方面与第三人撤销之诉均具有一定的类似之处，故金印博士主张，在债权人可以提起撤销权之诉的前提下，并无必要提起第三人撤销之诉。[②]

笔者认为，虚假诉讼受害人的外延要远宽于债权人，易言之，虚假诉讼侵害案外第三人的权益包括但不限于债权。债权人撤销权设立的主要目的是保障交易安全和债权的实现。在现代民法上，行使撤销权

---

① 债权人撤销权，是指债权人对于债务人所为的危害债权的行为，可请求法院予以撤销以维持债务人责任财产的权利。《民法典》第 538 条和第 539 条分别规定，"债务人以放弃其债权、放弃债权担保、无偿转让财产等方式无偿处分财产权益，或者恶意延长其到期债权的履行期限，影响债权人的债权实现的，债权人可以请求人民法院撤销债务人的行为"。"债务人以明显不合理的低价转让财产、以明显不合理的高价受让他人财产或者为他人的债务提供担保，影响债权人的债权实现，债务人的相对人知道或者应当知道该情形的，债权人可以请求人民法院撤销债务人的行为。"吴泽勇：《第三人撤销之诉的原告适格》，载《法学研究》2014 年第 3 期。

② 金印：《诉讼与执行对债权人撤销权的影响》，载《法学》2020 年第 11 期。

的目的更表现为对于一般债权人全体利益的保障。[①] 债权人撤销权得以顺利行使的前提条件是存在有效的债权，而且该债权应该以财产给付为目的、主要形式为金钱之债。对于特定物债权、附特别担保的债权原则上不适用撤销权。[②] 债权人撤销权的标的是债务人的诈害行为，而且主要是以财产为标的的法律行为，“裁判上的法律行为（裁判上的和解、抵销、请求的放弃或认诺等）”也可以成为撤销对象。[③] 但生效的法律裁判属于法院作出的公权力行为，不能够成为债权人行使撤销权的对象。其中，尤其需要特别讨论的是调解书的效力问题。按照《民事诉讼法》第 9 条和第 93 条的规定，调解是人民法院行使审判权的一种方式，而不仅仅是当事人之间自愿处分权利的法律行为。调解书的基础是当事人双方达成的调解协议，人民法院作出的调解书是对调解协议的监督和确认。根据最高人民法院 2004 年发布、2008 年修订的《关于人民法院民事调解工作若干问题的规定》第 9 条的规定，“调解协议内容超出诉讼请求的，人民法院可以准许”。按照赵钢教授的解读，上述规定体现并尊重了当事人在诉讼程序中的自主性；与判决方式相比，允许调解协议内容超出诉讼请求是调解开放性特征的表现。[④] 虽然《关于人民法院民事调解工作若干问题的规定》第 12 条规定调解协议具有侵害国家利益、社会公共利益、案外人利益，违背当事人真实意思表示和违反法律、行政法规禁止性规定等情形的，人民法院不予确认，但是法院调解以当事人自愿为原则，人民法院一般很难鉴别和判断当事人的行为是否会损害案外第三人。根据李浩教授的研究，在最高人

---

① 韩世远：《债权人撤销权研究》，载《比较法研究》2004 年第 3 期。

② 韩世远：《债权人撤销权研究》，载《比较法研究》2004 年第 3 期；申卫星：《论债权人撤销权的构成——兼评我国〈合同法〉第 74 条》，载《法制与社会发展》2000 年第 2 期；王轶：《论一物数卖——以物权变动模式的立法选择为背景》，载《清华大学学报（哲学社会科学版）》2002 年第 4 期。

③ 韩世远：《债权人撤销权研究》，载《比较法研究》2004 年第 3 期。

④ 赵钢：《法院确认超诉请范围的调解协议之法理基础》，载《法学评论》2007 年第 5 期。

民法院作出的88篇第三人撤销之诉裁判文书中，请求撤销判决的有38篇，请求撤销调解书的有50篇。[①] 这也从侧面说明，原诉讼程序所形成的调解书经常会超出诉讼标的的范围，进而对案外第三人的实体权利或程序权利产生损害。在此意义上，不论是主张以债权人撤销权之诉否认虚假诉讼受害人提起第三人撤销之诉的适格原告资格，还是单纯的以债的保全制度作为虚假诉讼受害人提起第三人撤销之诉的正当性基础都难谓充分。

综上所述，虚假诉讼的受害人涉及的民事权益保护类型比较复杂，如果前后诉之间涉及的法律关系存在先决性或者关联性，特别是在涉及抵押权等他物权保护的情形下，一般应当承认其提起第三人撤销之诉的适格原告资格。最高人民法院指导案例第150号和第151号实际上也是坚持了这样的立场。如果前后诉之间仅仅涉及平行的债权关系，在不影响另诉的前提下可以通过反证推翻证明效力的方式进行救济。只有在另诉被驳回的情形方可例外性承认其有提起第三人撤销之诉的适格原告资格。

2.未参加诉讼的无独立请求权第三人作为适格原告

无独立请求权第三人的核心要件在于其与案件处理结果具有法律上的利害关系。在讨论是否应当赋予其提起第三人撤销之诉的原告资格时，这种“法律上的利害关系”并非仅仅指生效裁判主文要求无独立请求权第三人直接承担民事责任，而应当指第三人与一方当事人之间实体法律关系和原诉讼当事人之间的实体法律关系具有某种权利义务性质的牵连性。

无独立请求权第三人如果已受法院的诉讼告知或通过本人申请参加到正在进行的诉讼之中并被判决承担民事责任，则说明该诉讼中已经发生诉的客观合并，第三人与原诉讼当事人之间的法律关系已经成

---

① 李浩:《第三人撤销之诉抑或审判监督程序》，载《现代法学》2020年第5期。

为法院的审判对象。即使存在法院在第三人并未实际参加诉讼的情形下直接判决第三人承担民事责任，该第三人也可以通过上诉寻求救济；如果法院未向第三人送达判决书，该第三人也可以申请再审。[①] 在此情形下，第三人实际上是直接受到生效判决的固有效力所及的。笔者也认同"否定适用说"的观点，直接承担民事责任的无独立请求权第三人享有当事人的权利和义务，已经享有充分的程序保障；如果法院向其送达判决书，该类第三人可以直接提起上诉。[②] 但"否定适用说"认为"无独立请求权第三人未受诉讼告知或'因不能归责于本人的事由未参加诉讼'且本案的诉讼结果'损害其民事权益'情形"在现行法上很难成立的观点，笔者实难认同。因为，我国无独立请求权第三人的范围包括但不限于直接承担民事责任的第三人。"否定适用说"认为只有"被告型第三人"或者直接判决承担民事责任的第三人才会遭受原审生效判决造成的利益损害的观点过于狭隘，在司法实践中大量的虚假诉讼案件实际上损害的是潜在的"辅助型第三人"的合法权益。以下笔者将以第三人与原诉讼当事人之间的民事法律关系作为类型化基础分别展开讨论。

(1)第三人与原诉讼当事人之间存在义务性法律关系

无独立请求权第三人与原诉讼当事人之间存在某种义务性法律关系是司法实践中最常见的情形。依据此类法律关系，原诉讼当事人一方败诉，无独立请求权第三人将承担民事义务或者赔偿责任。被判决直接承担民事责任的第三人与原诉讼当事人之间一定存在着义务性或负担性法律关系；但并非所有义务性或负担性法律关系的无独立请求权第三人都会被作为"被告型第三人"，由法院直接判决承担民事责任。

---

① 陈刚：《第三人撤销判决诉讼的适用范围——兼论虚假诉讼的责任追究途径》，载《人民法院报》2012 年 10 月 31 日第 7 版。

② 陈刚：《第三人撤销判决诉讼的适用范围——兼论虚假诉讼的责任追究途径》，载《人民法院报》2012 年 10 月 31 日第 7 版。

【案例六】 A与B系夫妻关系，但感情破裂准备离婚。A为了在离婚中多分得共同财产，虚构其与C之间早先存在的借贷合同关系。C以民间借贷纠纷为由起诉A要求偿还欠款，C在诉讼中虚构了A对其有欠款的凭据，A对欠款凭据表示认可并表示该笔借款用于婚后家庭生活开支。双方随后达成调解协议，A同意偿还C该笔欠款，并要求法院出具调解书予以确认。

在婚姻关系存续期间，夫妻一方以个人名义所负债务应当按夫妻共同债务处理。除非夫妻一方能够证明债权人与债务人明确约定为个人债务，或者能够证明属于《民法典》第1065条规定的第三人知晓夫妻之间有财产分别所有约定的情形。在离婚时，原为夫妻共同生活所负的债务应当由夫妻双方共同偿还。在案例六中，A与C意图通过虚构的债权债务关系增加A与B的夫妻共同债务，进而达到在将来的离婚诉讼中多分财产的目的。在上述案件中，妻子B对于C对A所主张的金钱之债返还请求权并不直接享有民法上的请求权；但作为夫妻间共同债务的承担人，B基于夫妻之间财产共同共有、共同债务共同负担的规定，如果其知悉原诉讼的存在，是可以作为无独立请求权第三人申请参加诉讼的。

A在其与C同谋所为的虚假诉讼中故意败诉，致使B承担本不存在的共同债务。虚假诉讼的调解书并未直接要求B承担民事责任，其无法依据民事诉讼法提起上诉或者再审。因此，B可以作为适格原告在符合其他法定要件的前提下提起第三人撤销之诉。

【案例七】 A公司的控股股东或内部控制人为损害公司其他小股东享有的股东优先购买权，与B之间伪造隐名出资关系或者委托持股关系的证据，由B以其具有隐名出资人或委托持股人的身份为由，向法院起诉A公司确认其具有股东资格，庭审中A公司表示认可与B存在隐名出资关系或者委托持股关系，最终达成调解协议确认B对A公司的持股股东身份，以实现A公司的股东权利虚假转移至B名下。

按照我国《公司法》的规定，公司是企业法人，有独立的法人财产，享有法人财产权。公司股东依法享有的资产收益等权利是通过公司的实际生产经营活动来实现的。在案例七中，就B对A公司提起确认之诉的诉讼标的而言，其他小股东不具有能够独立提起诉讼的“法定事由”。但从股权法律关系这一层面上分析，A公司败诉将使其他小股东的优先购买权受到侵害，进而导致其承受现实的不利益。因此，与案例六相同，本案中其他小股东可以作为适格原告在符合法定条件下提起第三人撤销之诉。

在案例六和案例七中，原诉讼的一方当事人本来应当是无独立请求权第三人利益的代表者，但因为其与对方当事人串通故意为虚假诉讼，使得无独立请求权第三人的利益并未实际上受到应有的保护。如果第三人能够知悉原诉讼的存在并参加到原诉讼中提出攻击防御方法则能够有效地避免生效裁判基于民事实体法律关系而对其造成的利益损害。但其在未获通知参加原诉讼或者原诉讼当事人故意不让可能影响第三人利益的事实在庭审中呈现的情形下，则法院所作出的生效裁判将会损害第三人的合法权益。第三人如果提出其不受到前述判决的既判力所及，而试图通过提起后诉寻求救济则可能会导致前后相矛盾的两个生效法律文书的出现。

【案例八】 某医院与一家保险公司签订了医疗事故责任保险的合同，约定在一定时间范围内该医院发生的医疗责任事故由保险公司负责承担赔偿责任。为了骗取赔偿款，医院与部分患者串通，伪造病历资料并唆使患者向法院提起诉讼要求赔偿。在法院以判决或者调解书形式确认医院承担赔偿责任后，医院即持法院的判决书或调解书向保险公司索赔。

在案例八中保险公司因为其与医院签订的医疗事故责任保险合同而成为医疗事故纠纷的潜在实际责任承担者。而在上述案例中，医院与患者之间串通制造虚假诉讼，所获取的判决仅仅确认了医院对患者负有的赔偿责任。如果在医院与患者之间存在故意串通的情形下，“医院向保险公司投保”这一事实可能在诉讼中并未在庭审中呈现，因此，法院便无法通知保险公司参加诉讼。保险公司因其并未参加诉讼而受到生效判决的事实效力的不利影响。在此情形下,笔者认为保险公司可以成为提起第三人撤销之诉的适格原告。

(2)第三人与原诉讼当事人存在权利性法律关系或者权利义务性法律关系

无独立请求权第三人与原诉讼当事人之间存在某种权利性法律关系或者权利义务性法律关系在司法实践中虽然不常见,但也存在一些案例。依据此类法律关系,由于原诉讼当事人一方败诉,无独立请求权第三人享有一定的权利或者履行一定的义务并享有一定的权利。在第三人与原诉讼当事人之间存在此类法律关系时,一般而言,无独立请求权第三人并无提起第三人撤销之诉的利益。但在司法实践中,仍然可能存在原诉讼当事人之间具有某些特定的关系致使一方当事人故意为不利于己的诉讼行为以致发生败诉的生效裁判。

【案例九】 A与B系表亲,A有20亩虾池并长年将虾池发包给B承包。B承包A的虾池养殖甲鱼收益颇丰。2000年年底B的承包期将满,A向B发出要约提出新一轮承包期每亩虾池要加收100元的费用,并限B在2000年12月30日书面回复是否继续承包。B认为A不顾亲戚情分,遂扬言表示不再继续承包虾池。A听闻后觉得B十分小气,遂决定将虾池公开招标。B知悉A已将虾池公开招标,认为每亩增加100元承包费自己养殖甲鱼仍然有利可图,于是在2001年1月20日书面回复A同意以其原来要约价格继续承包虾池,但此时A已经与C签订了虾池承包协议。B随即向法院起诉A要求A履行虾池承包协议,在庭审中,A碍于亲戚关系并未提出B给出书面回复已过承诺期的抗辩。法院随即判决A继续履行承包合同。A随后表示愿意向C承担违约责任。

在案例九中,第三人C与原诉讼当事人A之间即存在权利性的法律关系。A在原诉讼中败诉,其将向C承担违约责任,C因此享有损害赔偿请求权。但对于第三人C而言,其可能更想获得20亩虾池新一轮的承包权以赚取更大的经济收益。在此情形下,如果C能够提出初步证据证明A在原诉讼中故意未提出有效抗辩致使法院作出错误

判决，他可以作为适格原告提起第三人撤销之诉，要求法院撤销原审判决。

我国民间社会关系复杂，受到亲戚邻里等因素影响，有些当事人在庭审过程中可能故意不提出对自己有利的攻击防御方法。此类现象很难将其界定为诉讼欺诈或者恶意诉讼，但法院据此作出的生效裁判仍然会对第三人的合法利益产生影响。在此意义上，第三人撤销之诉程序已经具有维护第三人程序利益的制度功能，而不仅仅是遏制虚假诉讼的有力工具。

(3)"诉讼担当"致使第三人与原诉讼当事人之间产生民事法律关系

既判力相对性是大陆法系民事诉讼理论上的一项基本原则，按照上述理论既判力的主观范围原则上以诉讼当事人为限。但对于诉讼系属后当事人的继受人、为当事人或其继受人占有诉讼标的物的人和为他人而为原告或被告的人，各国和地区立法例均认可上述主体也受到既判力的拘束。但既判力制度并非像"否定适用说"所描述的那样绝对。当诉讼实施权主体与民事实体权利主体相分离的情形下，受到判决既判力不利所及的第三人即可能成为第三人撤销之诉的适格原告。

民事诉讼理论上的"诉讼担当"是指与案件有直接利害关系的当事人因故不能参加诉讼，由与案件无直接利害关系的第三人以当事人的资格，就该涉讼法律关系所产生的纠纷行使诉讼实施权，判决的效力及于原民事法律关系主体。[①] 依据授权是否由法律明确规定，一般将诉讼担当分为法定的诉讼担当和任意的诉讼担当。

诉讼担当的被担当人不具有诉讼实施权，其可以以无独立请求权第三人的身份参加到诉讼中，辅助一方当事人。对于诉讼担当的

---

① 江伟主编：《民事诉讼法》，高等教育出版社 2007 年第 3 版，第 77～78 页。

被担当人而言，不论其是否参加诉讼，他都受到生效裁判的固有效力所及。[①] 在法定诉讼担当的情形下，破产企业的管理人或者公司清算期间的清算组如果与对方当事人恶意串通，故意制造虚假诉讼损害破产企业或公司的利益，破产企业或解散公司作为法定诉讼担当的被担当人完全可以按照《民事诉讼法》第 59 条的规定提起第三人撤销之诉。

此外，在涉及公司法人的诉讼中也存在法定诉讼担当和判决的固有效力扩张。例如，某公司的控股股东为了逃避其侵害公司利益的责任，故意指使公司监事依据《公司法》第 152 条起诉控股股东本人侵犯公司合法权益；但双方在庭审过程中相互串通，公司监事故意为不利地自认或者主张较少的利益损失，从而使法院作出生效判决，认定控股股东不承担责任或仅承担较少责任。在此情形下，一方面，其他的股东诉讼实施权因为公司监事"履行起诉义务"而无法行使；另一方面，法院的生效裁判也阻碍了其他股东再提起诉讼的可能性。[②]

因此，"否定适用说"认为在坚持既判力相对性原则的前提下，判决的既判力一律不及于第三人，也不存在适用第三人撤销之诉情形的观点似乎过于武断。而且判决既判力的主观范围并不是与申请审判监督程序的主体范围严格对应的。[③] 概言之，在民商事法律关系中，民事权利主体既可能因为提起诉讼或者参加诉讼而成为诉讼当

---

① ［德］汉斯-约阿希姆·穆泽拉克：《德国民事诉讼法基础教程》，周翠译，中国政法大学出版社 2005 年版，第 331 页；［日］新堂幸司：《新民事诉讼法》，林剑锋译，法律出版社 2008 年版，第 489 页；王甲乙等：《民事诉讼法新论》，台湾三民书局 1999 年版，第 486 页。

② 学界也有观点指出，应承认特定情形股东的第三人撤销之诉原告资格。参见宋史超：《论股东对公司对外诉讼裁判提起第三人撤销之诉——兼评最高人民法院指导案例 148 号》，载《法学》2022 年第 1 期。

③ 2020 年修订的《最高人民法院关于适用〈中华人民共和国民事诉讼法〉审判监督程序若干问题的解释》已经删除了案外人提起再审之诉的规定，上述情形下的被担当人和利益受损股东也只能通过提起第三人撤销之诉寻求救济。

事人或参加人，也可能因为诉讼实施权已经被“取代”或者因为不可归责于己的事由未参加诉讼而成为事后救济途径——第三人撤销之诉的适格原告。

四、诉的利益及加重起诉条件

1.诉的利益及起诉条件的加重

第三人撤销之诉作为改变和撤销发生法律效力的判决、裁定和调解书的特殊权利救济途径，为了维护生效裁判所确定的法律秩序安定性，在诉的利益以及起诉条件方面应当对其启动加以限制，防止诉权滥用行为的发生。在大陆法系的民事诉讼理论上，诉的利益与当事人适格直接相对应。因为分别涉及民事诉讼的主体和客体，当事人适格与诉的利益是作为两项不同的诉讼要件进行讨论和研究的。① 但两者之间也被认为存在着紧密的内在关联，经常需要结合起来加以讨论。随着民事诉讼的诉讼类型和制度功能的不断拓展，“诉的利益”的内涵和功能也在不断地丰富。就形成之诉而言，只要是符合法律所规定要件的诉，原则上即认为具有诉的利益。②

依据我国《民事诉讼法》第 59 条第 3 款的规定，“因不能归责于本人的事由未参加诉讼”且民事权益受到错误的生效裁判损害的第三人可以提起撤销诉讼，那么如果第三人可以就错误的生效裁判提起再审或者另行提起新的诉讼，抑或人民法院或者人民检察院已经对生效裁

① 二者的区别参见[日]新堂幸司：《新民事诉讼法》，林剑锋译，法律出版社 2008 年版，第 187、204 页。

② [日]新堂幸司：《新民事诉讼法》，林剑锋译，法律出版社 2008 年版，第 204 页。

判启动审判监督或者抗诉程序时，是否还应当赋予第三人提起撤销之诉的权利？当事人适格和诉的利益共同的制度价值在于衡量法院有无就当事人之间的特定纠纷作出生效裁判的必要性和实效性。第三人撤销之诉本质上属于特殊救济程序，在原告可以通过民事诉讼制度框架内的一般救济程序获得充分的权利保护时，笔者认为其不具有提起第三人撤销之诉的利益。当然，从遏制虚假诉讼现象的立法目的的角度出发，如果其他民事程序所提供的权利救济不足以补偿或救济虚假诉讼给第三人造成的利益损失时，则应当认为第三人提起撤销之诉仍具有诉的利益。因此，诉的利益的判断可以在一定程度上限制第三人撤销之诉程序的启动。在现有的制度框架之内，如果第三人可以通过其他救济途径维护自己的合法权益，那么笔者认为原则上应当否定其具有提起第三人撤销之诉的资格。

除了诉的利益之外，《民事诉讼法》第 59 条第 3 款还规定提起第三人撤销之诉需要满足“有证据证明发生法律效力的判决、裁定、调解书的部分或者全部内容错误，损害其民事权益”。在一般的民事诉讼中，原告依据《民事诉讼法》第 122 条向法院提起诉讼并不以提交证据为起诉条件。为了防止诉权滥用行为，笔者认为，《民事诉讼法》第 59 条第 3 款关于提交证据证明生效裁判内容错误及损害民事权益的规定实际上加重了第三人撤销之诉的起诉条件，即原告在提起第三人撤销之诉时应当提交证据，初步证明原诉讼当事人因故意或过失致使发生法律效力的判决、裁定、调解书的部分或者全部内容错误，损害其民事权益。“初步证明”的状态并非要求原告在起诉阶段即要提出全部攻击防御方法以使所主张的要件事实达到证明标准；而是要求原告需要通过提交一定证据及证据线索，能够使法官对其所主张的事实形成“情况很有可能如此”的大致判断即可。其证明程度大致类似于大陆法系民事诉讼理论上所说的“疏明”，与关于程序性事项如当事人申请回避或提出管辖权异议需要提出一定的证据并达到大致的证明程度相似，而无须达到学理上一般称为“满足证明责任”的证明标准。

具体而言，原告在起诉时应当向法院提交一定的证据及证据线索，

能够初步证明以下事实可能存在：①原诉讼当事人存在恶意串通、伪造证据、虚构事实等故意或过失行为；②发生法律效力的判决、裁定认定事实错误或适用法律错误，且判决、裁定损害原告的民事权益；③调解书内容违反法律规定或者直接损害原告的利益。

2.限制第三人撤销之诉适用的实例分析

诉的利益和加重的起诉条件构成了防止第三人撤销之诉程序滥用的屏障，从而保障第三人撤销之诉在立法者所设立的规范目的指引下发挥应有的制度功能。同样基于防止诉权滥用的考虑，有学者曾提出，在讨论第三人撤销之诉的原告适格问题时应当将"原诉讼的当事人"、"必要共同诉讼人"和"代表人诉讼中被代表的当事人"排除。[①] 笔者同意应当排除"代表人诉讼中被代表的当事人"[②]，但认为上述观点解决问题的思考方向尚有需要进一步讨论之处。民事诉讼中的当事人是指因民事权利义务发生争议，以自己的名义进行诉讼，要求法院行使民事裁判权的人。[③] 在民事诉讼理论中，当事人有形式上的当事人和实质上的当事人之分，在一般情形下形式上的当事人与实质上的当事人是重合的；但在二者存在分离的情况下就比较容易出现形式上的当事人与对方当事人串通，侵害实质当事人利益的问题。如上述案例一即为这种情形。而必要共同诉讼也分为固有的必要共同诉讼和类似的必要共同诉讼。固有的必要共同诉讼的当事人必须一同起诉或者应诉，否则将因当事人不适格而遭到法院的驳回；但类似的必要共同诉讼则不存在上述问题，共同诉讼人具有独立的诉讼实施权，而且判决效力可能会及于没有参加诉讼的利害关系人。此外，原告在提起民事诉讼时具

---

① 许可：《论第三人撤销诉讼制度》，载《当代法学》2013 年第 1 期。

② 许可教授认为应当赋予《民事诉讼法》第 57 条第 4 款"未参加登记的权利人"提起第三人撤销之诉资格的观点笔者并不认同。因为第 57 条规定的代表人诉讼是普通的共同诉讼，未参加登记的权利人可以另行起诉，并无撤销他人之间生效裁判的必要。许可：《论第三人撤销诉讼制度》，载《当代法学》2013 年第 1 期。

③ 张卫平：《民事诉讼法》，法律出版社 2019 年第 5 版，第 125 页。

有处分权，例如其既可以选择起诉债务人和担保人，也可以选择只起诉担保人或债务人。

因此，“原诉讼的当事人”和“必要共同诉讼人”也都有可能成为第三人撤销之诉的适格原告。但在综合考量前述主体在原诉讼程序可能会以何种主体身份参与诉讼，是否受到判决效力所及，现有的上诉、审判监督程序能否为其提供充分的救济途径以及是否满足加重的起诉条件等要件后，其提起第三人撤销之诉的诉讼请求也可能被驳回。

【案例十】 B与A系母子关系，A与C系夫妻关系。A与C婚后共同购买了某处房屋，并且将产权登记在A与C两人名下。A欲提起离婚诉讼，为了独占房产，便让其母亲B向法院提起房屋权属确认之诉。A伪造其妻子C的特别授权委托书以其个人名义代表夫妻两人应诉，在庭审中B出示虚假证据证明其系诉争房屋的实际出资人及购房人，A当庭对上述证据表示认可，法院最终判决确认B系涉诉房屋的实际所有人。

在案例十中房屋登记在A与C两人名下，属于二人共同所有，因此，C属于原诉讼中的共同被告。而且作为固有的必要共同诉讼，C必须与A一同应诉，该起诉才能满足当事人适格的诉讼要件。在本案中，A伪造其妻子C的特别委托书以其个人名义代表夫妻两人应诉，故意使C无法作为共同诉讼人在诉讼中提出攻击防御方法。作为固有的必要共同诉讼的当事人，C不能够利用《民事诉讼法》第59条第3款的规定救济其个人的权利；而是应该依照《民事诉讼法》第207条第1款第8项的规定提起再审申请。与此相类似，在若干继承人围绕遗产继承而发生争议的案件中，某一继承人如果提出与其他原、被告不同的诉讼请求，则需以有独立请求权的第三人身份参加诉讼。但如果其因不能归责于自身的事由而未能参加，事后也只能以当事人的名义申请再审，而不能提起第三人撤销之诉。

【案例十一】 a为A公司法定代表人，A公司与B公司因货物买卖合同履行问题发生纠纷，B公司向法院起诉A公司，要求A公司承担违约责任，在诉讼期间B公司与a私下接触，许诺给a一定的报酬，要求a在诉讼中对B公司提出的虚假案件事实予以自认。a按照B公司的要求在诉讼中故意作出不利的自认,直接导致A公司败诉。

按照我国《民事诉讼法》的规定,法人由其法定代表人进行诉讼,但上述案件中这并不改变A公司作为诉讼当事人的权利和地位。对于a与B公司串通,故意败诉的行为,A公司可以依据案件所处的阶段不同,选择上诉或者申请再审。

【案例十二】 A、B、C、D系兄弟姐妹,其中A系无民事行为能力人,其他法院曾就A的离婚案件作出判决,将涉诉房屋判归A所有。C、D以涉诉房屋系A、B、C、D共同出资建造为由,起诉A、B要求分家析产,在诉讼中,A由其兄B代理诉讼,庭审中双方均认可该房屋系共同出资建造的事实并很快协商一致,调解确认涉诉房屋归4人各享有1/4份额。

在上述案例中,A系无民事行为能力人,其兄B作为其法定代理人代理其参加诉讼,享有一切诉讼权利。法定代理人如果与对方当事人串通诈害被代理人的利益,按照我国现行法律的规定,基本上不存在有效的权利救济途径。

在上述三个案例中,利益受到生效判决侵害的被害人均不能够通过提起第三人撤销之诉寻求救济。在案例十一的情形下,只有使公权力介入,先通过刑事程序追究公司法定代表人的刑事责任才有可能利用民事诉讼程序保障公司的合法权益。而案例十二的妥善解决更有赖于我国的检察机关、社会保障机构加强关注无民事行为能力人、限制民事行为能力人的监护问题。上述实例分析也进一步说明,第三人撤销之诉有其特有的制度功能和守备范围,并非所有的恶意诉讼、虚假诉讼均能通过增设第三人撤销之诉程序予以遏制。

第六章

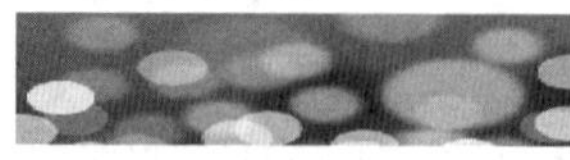

第三人撤销之诉客体论

《民诉法解释》第 294 条、第 295 条对第三人撤销之诉的撤销对象作了进一步规定。其中,第 294 条将具体撤销对象明确界定为"判决、裁定的主文,调解书中处理当事人民事权利义务的结果";第 295 条则反向界定了不能适用第三人撤销之诉的案件类型。从比较法的角度考察,《民诉法解释》第 294 条、第 295 条所规定的第三人撤销之诉撤销对象的范围比较"适中",但立足于程序法理和民诉法解释论,第三人撤销之诉可能适用的案件类型及判断标准仍然需要进一步展开分析。《民诉法解释》虽然明确排除了生效裁判文书中事实认定和裁判理由部分作为撤销对象的可行性,但结合《民诉法解释》以及《民事证据若干规定》中有关"当事人无须举证证明"内容的规定,撤销对象所关涉的既判力消极作用、积极作用以及"预决效力"等理论命题仍然有待深入讨论。

一、可撤销判决的类型化梳理

立足于裁判文书本身的制度功能、程序保障的要求以及保护第三人合法权益的必要性,在《民诉法解释》第 295 条规定的基础上,第三人撤销之诉程序可以适用的案件类型及法理基础仍然可以进行更为细致、深入的讨论。

首先，以裁判文书是否发生法律效力为标准，可以将我国的裁判文书分为生效裁判和未生效裁判。《民事诉讼法》第56条已经规定，提起撤销之诉的判决、裁定和调解书必须已经发生法律效力，因此，与我国台湾地区立法例相同，未发生法律效力的判决不能作为第三人撤销之诉的客体。

其次，根据判决所涉及的民事权利类型来区分，可以将我国的裁判分为处理财产权纠纷或人身权纠纷的裁判。① 人身权包括人格权和身份权，一般具有专属性。在涉及当事人人身权的诉讼中，法院作出的生效裁判一般不会损害到案外人的利益。《民诉法解释》第295条第1款第2项规定，"婚姻无效、撤销或者解除婚姻关系等判决、裁定、调解书中涉及身份关系的内容"，不适用第三人撤销之诉程序。无论是从程序法理基础还是比较法来考察，前述规定无疑都具有正当性。但在解释论层面仍存在两个问题需要进一步思考：其一，排除第三人撤销之诉程序适用的涉及身份关系案件是否可以扩张解释为包括亲子关系、收养关系案件在内？其二，依据已有的司法解释，宣告婚姻无效之诉属于依照特别程序处理的案件，那么第295条第1款第2项与第1项在解释适用上是何种关系？

从比较法的视角考察，法国民事诉讼法原则上禁止对涉及身份权的裁判提起第三人撤销之诉。但是，对于涉及人身权的判决所产生"次

---

① 我国民事诉讼法学对于裁判文书种类的研究一般并不以民事权利的种类作为区分依据，因为这种区分标准是纯实体法性质的而不带有程序法的特征。在司法实践中，很多案件的裁判结果也往往同时涉及对财产权和人身权的处理，比如离婚案件。

生效应(les effetssecondaires)"[①],比如因为离婚判决、婚姻无效判决或者收养子女判决导致的债权人或子女财产继承权受到侵害,第三人仍然可以提起撤销之诉。2005年修订后的《法国民法典》第324条规定,"就亲子关系作出的判决,即使对于并非诉讼当事人的人,亦具对抗效力;如果并非诉讼当事人的人享有诉权,则有权在第321条规定的期限内对判决提出第三人异议";第八编"收养子女"第353-2条规定,"仅在有可以归咎于收养人的欺诈或舞弊行为时,对收养判决提出第三人异议始予受理"。[②]

从人身权的专属性出发,涉及亲子关系、收养关系的案件一般不适用第三人撤销之诉程序,将第295条第1款第2项内容理解为一种"有限列举"进而对其进行扩张解释亦属可行。但从法国判例所倡导的"次生效应"例外和我国台湾地区司法实践的经验[③]来分析,笔者更赞同对第295条第1款第2项作严格解释。我国现行《民法典》比较注重对于非婚生子女与婚生子女的平等保护,因此,婚姻无效、撤销与解除婚姻关系对涉案子女的继承权益并无实质影响,进而没有赋予受到判决对世效所及的案外人提起第三人撤销之诉的必要。但对于涉及亲子关系、抚养关系的案件而言,原生效裁判可能会直接影响到案外人的继承

---

① 按照巢志雄博士的介绍,从1930年至今,法国判例坚持认为因为离婚诉讼具有严格的身份专属性,所以不得提起第三人撤销之诉。但对于离婚判决对夫妻双方以外的人产生的"离婚判决的次生效应(les effetssecondaires)",某些特定的第三人仍然可以提起第三人撤销之诉。这里的"次生效应"主要是指离婚判决限制了祖父母对孙子女的探视权、损害夫妻双方债权人利益、损害子女的财产继承权等情形。巢志雄:《法国第三人撤销之诉研究——兼与我国新〈民事诉讼法〉第56条第3款比较》,载《现代法学》2013年第3期。

② 《法国民法典》,罗结珍译,北京大学出版社2010年版,第98、107页。

③ 在我国台湾地区的司法实践中曾有母亲诉请撤销子女离婚判决的案例(台北地院2004年度家诉字第140号)。在该案中,母亲起诉要求撤销其子女的离婚判决并确认其婚姻无效,理由是身份判决具有对世效力,二人离婚分配财产使得其子女的扶养能力下降,影响其扶养权和将来可能的继承权。台北地院以原告就系争离婚确定判决并不具法律上利害关系、当事人不适格为由判决其败诉。

权益。因此，笔者认为对于此类案件应当交由法官在具体个案中依据当事人适格、诉的利益等要件逐案审查、具体判断。

再次，根据生效裁判文书的内容是否涉及民事权益争议，可以分为诉讼案件和非讼案件。在我国，非讼案件主要指适用特别程序、督促程序、公示催告程序、破产程序处理的案件。《民诉法解释》第 295 条第 1 款第 1 项规定，对“适用特别程序、督促程序、公示催告程序、破产程序等非讼程序处理的案件”提起第三人撤销之诉，人民法院不予受理。在司法实践中，公示催告程序和破产程序都设有专门的公告或债权申报程序用以保护利害关系人或债权人的利益；支付令的法律效果则主要通过执行程序予以实现。需要进一步讨论的非讼事件主要是适用特别程序的案件。

2012 年修订后的《民事诉讼法》第 15 章规定了 6 类特别程序案件，[①]其中，传统意义上的特别程序案件主要包括选民资格案件、宣告失踪或者宣告死亡案件、认定公民无民事行为能力或者限制民事行为能力案件、认定财产无主案件，人民法院在审查后均以“判决”作出裁判；新增加的确认调解案件和实现担保物权案件则以“裁定”作出裁判。

从制度设计的功能和程序保障的应然层面出发，王福华教授认为对适用程序保障要求不高的判决，即人民法院适用特别程序审理的案件所作出的判决没有必要适用第三人撤销之诉。因为以宣告失踪、宣告死亡等为代表的非讼判决只是一种“法律上的或者事实上的推定”，如果失踪人或被宣告死亡的人重新出现，当事人和利害关系人可以请求法院作出新的判决来撤销原判决，故不必适用作为事后程序保障措施的第三人撤销之诉。[②] 在实然层面，针对非讼事件的生效裁判虽然并不存在实质民事争议，但在司法实践也可能会损害案外人第三人的

---

① 在司法实践中，我国的非讼判决并不限于《民事诉讼法》所规定的六类案件。根据《最高人民法院民一庭涉及婚姻案件处理分析民事审判实务问答》第 7 条的规定，宣告婚姻无效案件适用非讼程序。

② 王福华：《第三人撤销之诉适用研究》，载《清华法学》2013 年第 4 期。

合法权益。从比较法的角度考察，法国《民事诉讼法》第583条规定，没有得到判决通知的第三人可以对非讼案件[①]的判决提出第三人撤销之诉。当然，法国的制度设计具有一定的特殊性。法国的非讼程序具有“非讼事件诉讼化”的特征，表现为需要借助诉讼程序为非讼程序的主体[②]提供必要的程序保障和救济途径。[③]

适用“特别程序”审理的非讼案件不涉及民事争议，民事诉讼法典赋予当事人的程序保障虽不及普通民事诉讼程序“优厚”，但并不能排除当事人利用非讼程序损害第三人合法权益的可能性。特别是宣告失踪或者宣告死亡、认定公民无民事行为能力或者限制民事行为能力等案件的处理结果往往涉及被宣告失踪人、被宣告死亡人的财产处置和继承等问题，在司法实践中容易出现损害第三人合法权益的现象。针对确认调解协议和实现担保物权案件作出的裁定均具有执行力，可以作为执行名义直接向人民法院申请强制执行，其损害案外第三人合法权益的可能性更高。[④]

---

① 在法国，非讼案件的范围与我国并不完全相同，除了宣告失踪和宣告死亡等典型的非讼案件外，还包括规范共同请求权离婚的效力的最终协议、夫妻财产制的变更、未成年人财产的分配、民事身份文书的修正等等。根据法国新《民事诉讼法》第543条的规定，对于非讼判决也可以提出上诉。[法]洛伊克·卡迪耶：《法国民事司法法》，杨艺宁译，陆建平审校，中国政法大学出版社2010年版，第123页。

② 郝振江教授提出，非讼程序保障的主体应为关系人，这里的关系人除申请人之外，还应当包括程序直接影响其权利的人（亦称第三人）或者法院裁量有利于推动程序进行的人。郝振江：《论我国非讼程序的完善——聚焦于民诉法特别程序的“一般规定”》，载《华东政法大学学报》2012年第4期。

③ 郝振江：《法国法中的非讼程序及对我国的启示》，载《河南财经政法大学学报》2012年第2期。

④ 《民诉法解释》第355条关于调解协议内容涉及物权、知识产权确权的人民法院裁定不予受理，第358条关于调解协议损害他人合法权益的人民法院应当裁定驳回申请以及第369条对利害关系人提出异议进行审查的规定已经表明法院希望尽量避免作出的非讼裁定损害案外第三人的合法权益。

非讼程序的特点在于快速、及时地实现当事人的权利，相较于普通民事诉讼程序而言，其提供的程序保障较弱。毋庸置疑，正当的程序设计和制度安排应当符合当事人所享有的程序保障与其从程序中获得利益相适应的基本原理。[①] 非讼判决均不得上诉正是基于上述原理所为的制度设计。但作为事后救济程序，提起第三人撤销之诉的权利是赋予未能参加原审判决的第三人而非当事人的。站在非讼案件当事人的立场，更应该考虑的是第三人撤销之诉是否会冲击生效判决所确认的法律关系以及损害其程序利益。事实上，我国民事诉讼法对于非讼程序的主体所提供的程序保障仍然是不足的。[②] 所以认为非讼案件对于程序保障的要求不高，故而没有必要适用第三人撤销之诉的论证方式似乎可待商榷。相反，德国、日本近年来关于非讼事件和家事事件的立法实践表明，非讼程序正在越来越多地承担着解决体系化、逻辑化的民事诉讼法典无法解决的疑难问题的功能。赋予特定主体针对非讼判决提起第三人撤销之诉并不存在理论上无法克服的障碍。

但笔者仍然支持《民诉法解释》第 295 条第 1 款第 1 项将适用“特别程序”作出的非讼判决排除在撤销对象之外的概括性规定，主要理由如下：首先，我国《民事诉讼法》第 186 条明确规定，在审理案件过程中，人民法院发现案件属于民事权益争议的应当裁定终结特别程序并告知利害关系人可以另行起诉。这一规定是非讼程序向诉讼程序转换的基本规则，赋予了利害关系人以另行起诉的方式保护其合法利益。当然，这种制度安排的合理性仍然可以作进一步的探讨，但这并不是本书所关注的核心问题。其次，在“特别程序”所规定的以“判决”形式作出裁判终结的传统非讼案件中，选民资格案件直接关系到选民的选举权和被选举权，是关于公民个人政治权利的裁判，并不会损害案外人的利益；在宣告公民失踪的案件中，如果财产代管人有损害失

① 傅郁林：《繁简分流与程序保障》，载《法学研究》2003 年第 1 期。

② 郝振江：《论我国非讼程序的完善——聚焦于民诉法特别程序的“一般规定”》，载《华东政法大学学报》2012 年第 4 期。

踪人利益的行为，其他利害关系人可以单独提起诉讼；在宣告公民死亡案件中，利害关系人具有顺位规定，本身体现的是一种立法对于亲属关系疏密程度的一种推定，进而排斥了后顺位的利害关系人对前顺位的利害关系的权利进行“挑战”；在认定公民无民事行为能力、限制民事行为能力案件中，如果被指定的监护人有虐待被监护人、侵占被监护人财产的行为，其他具有监护资格的人可以向法院申请变更监护人；在认定财产无主案件中，无主财产归国家和集体所有，一般也不会产生损害第三人合法利益的问题。综上所述，前述适用“特别程序”的案件或者因其案件性质不会损害第三人的合法权益，或者制度设计本身排斥赋予第三人提起事后救济权利，或者第三人可以通过现有程序获得充分的救济，因此，不需要对其提起第三人撤销之诉。最后，《民诉法解释》第 372 条实际上为适用“特别程序”作出的非讼判决、裁定“创设”一项异议程序，特别对于确定调解协议、准许实现担保物权的裁定，利害关系人可以自知道或者应当知道其民事权益受到侵害之日起 6 个月内提出异议。

相较于制度运行成本较高的第三人撤销之诉程序，对于适用特别程序审理的非讼案件而言，《民事诉讼法》第 186 条和《民诉法解释》第 372 条所提供的权利救济和程序保障无疑更加契合非讼事件的性质和特征。不过随着我国非讼程序的不断发展和完善，承担的制度功能越来越复杂，笔者认为也可以适时对非讼案件适用第三人撤销之诉采取开放态度。

最后，《民诉法解释》第 295 条第 1 款第 3 项和第 4 项规定，对未参加登记的权利人对人数不确定代表人诉讼案件的生效裁判以及“损害社会公共利益行为的受害人对公益诉讼案件的生效裁判”提起的第三人撤销之诉不予受理。现行《民事诉讼法》第 59 条规定的人数不确定代表人诉讼，未参加登记的当事人在诉讼时效期间内起诉的，适用代表人诉讼的判决、裁定。按照最高人民法院的权威解读，未登记的当事人应当通过单独起诉的方式来保护其权益，如果认为法院裁定适用代表

人诉讼裁判错误的，可以上诉或申请再审。[①] 对于公益诉讼的生效裁判而言，一般可以认为其具有对世效力。但我国的公益诉讼立法和司法实践刚起步，很多制度尚在摸索之中，《民诉法解释》第286条所采取的是公益诉讼与私益诉讼并行的模式。公益诉讼案件的裁判发生效力后，其他具有适格原告资格的机关或有关组织另行起诉的，原则上不予受理。[②] 应当说，讨论公益诉讼相关问题的时机尚不成熟，第295条第1款第4项所采取的立场也算稳妥。

二、作为撤销对象的裁定和调解书

在生效裁判文书中，针对财产权作出的诉讼判决作为第三人撤销之诉的撤销对象最不存在争议，但需要进一步讨论的是究竟何种类型的裁定和调解书可能成为第三人撤销之诉的撤销对象。

裁定是指人民法院对民事诉讼和执行程序中的程序问题以及个别实体问题所作出的权威性判定。[③] 与判决不同，根据民事诉讼法及相关法律法规的规定，裁定主要用于解决程序问题，仅在个别情况下才用于解决实体问题。按照《民事诉讼法》第157条的规定，只有人民法院作出的不予受理、对管辖权有异议、驳回起诉的裁定可以上诉，其他裁定均一经送达便发生法律效力。

王福华教授同样认为民事裁定不应该成为第三人撤销之诉的客体。原因如下：第一，民事裁定主要解决程序事项，不解决实体问题。即使存在涉及处分当事人实体权利的裁定也具有临时性和假定性的特

① 最高人民法院主编：《最高人民法院民事诉讼法司法解释理解与适用》，人民法院出版社2015年版，第798页。

② 参见《民诉法解释》第291条。

③ 张卫平：《民事诉讼法》，法律出版社2019年第5版，第458页。

征，不存在提起第三人撤销之诉的利益。第二，允许案外第三人针对裁定提起撤销之诉，则民事裁定便无法发挥对程序事项确认和维护的功能。第三，裁定的程序保障率较低，法院可以在当事人及案外第三人不参与的情况下作出民事裁定。因此，法定要件“因不能归责于本人的事由未参加诉讼”不能成为撤销裁定的依据。最后，裁定一经送达就发生法律效力，具有自己较为特殊的救济途径，提起第三人撤销之诉取消其效力没有必要。[①] 张卫平教授也认为，2012 年修订《民事诉讼法》时将裁定纳入第三人撤销之诉的撤销对象，是以再审程序的客体要件作为参照下的选择。张卫平教授提出作为撤销对象的民事裁定应当满足两个条件，即民事裁定必须直接侵害第三人民事实体权益且有必要通过第三人撤销之诉予以撤销。但在我国民事诉讼制度体系的规范层面并不存在符合上述条件的裁定，除非在司法实践中人民法院有以裁定之形式行判决之功能的现象。[②]

前述两位教授的观点，笔者基本赞同。对于解决程序问题的裁定当事人不存在提起第三人撤销之诉的利益；对于关于保全和先于执行等处理实体问题的裁定也没有启动第三人撤销之诉程序的必要。特别是在《民诉法解释》第 372 条确定了对于确认调解协议和实现担保物权案件的裁定利害关系人应当以提出异议的方式寻求救济，在现有的规范语境下，确实不存在可以成为撤销对象的民事裁定。[③]

调解书是我国民事诉讼法上一项颇具特色的制度设计。调解是作为与判决并重的一项审判方式规定在我国的民事诉讼法典中的。人民法院在审理民事案件的过程中，应当根据当事人自愿的原则，在事实清楚的基础上，分清是非，进行调解。调解达成协议的，人民法

---

① 王福华：《第三人撤销之诉适用研究》，载《清华法学》2013 年第 4 期。

② 张卫平：《中国第三人撤销之诉的制度构成与适用》，载《中外法学》2013 年第 1 期。

③ 最高人民法院的权威解读也认为裁定不宜作为第三人撤销之诉的对象，参见最高人民法院主编：《最高人民法院民事诉讼法司法解释理解与适用》，人民法院出版社 2015 年版，第 795 页。

院应当制定调解书。调解书是否具有既判力等理论问题，学界尚未形成较为统一的意见，但调解书具有终结诉讼及执行力却是被民事诉讼法学界和司法实务界所一致接受的观点。而且近年来随着司法政策向调解等非诉讼纠纷解决方式倾斜，人民法院通过调解结案的比例越来越高。以调解的方式结案已经成为虚假诉讼的一个重要特征。[①] 在此背景下，调解书作为第三人撤销之诉的撤销对象应该说具有强烈的现实意义。

从比较法的角度考察，我国的调解书与大陆法系的“诉讼上和解”最为类似。法国传统诉讼理论上是禁止将和解协议（contrat judiciare）作为撤销之诉的对象的，[②]但随着法院司法调解的不断发展，法官越来越多地介入当事人的和解之中，并对和解协议进行审查。因此，法国学界对能否就和解协议提起第三人撤销之诉似乎也不再固守原有的观点。[③] 我国台湾地区 2003 年在修订“民事诉讼法”时并未将诉讼上的和解所达成的和解协议及法院调解所达成的调解协议明确规定为第三人撤销之诉的撤销对象。曾有学者认为，“民事诉讼法”第 380 条的旨趣仅是赋予诉讼上的和解以相同效力，侧重于禁止重复起诉，但并非使和解协议完全等同于确定判决，因此其能否成为第三人撤销诉讼的对象是有疑问的。[④] 我国台湾地区早期的司法实务对此问题亦是持否定立场的。台北地方法院曾在判决理由中提出，首先，第三人撤销之诉只能针对“确定判决”提起，“和解笔录”不符合法定要件；其次，原告也不具有法律上的利害关系。和解笔录的效力仅约束甲与乙，丙“仅具公益上之利害关系，而非其私法上地位因该和解笔录而受有何直接或间接

---

① 李浩：《虚假诉讼中恶意调解问题研究》，载《江海学刊》2012 年第 1 期。

② 《法国新民事诉讼法典》（上册），罗结珍译，法律出版社 2008 年版，第 641 页。

③ [法]洛伊克·卡迪耶：《法国民事司法法》，杨艺宁译，陆建平审校，中国政法大学出版社 2010 年版，第 126、337、576 页。

④ 姜世明、李其融：《第三人撤销诉讼之适用范围在实务上之发展》，载《台湾法学杂志》2012 年第 5 期。

之不利益，是原告就该和解笔录并无法律上之利害关系，是以，原告显非‘民事诉讼法’第507条之1所称之‘有法律上利害关系之第三人’，其不得提起第三人撤销之诉”[①]。但我国台湾地区2012年公布实施的“家事事件法”和2013年5月再度修订的“民事诉讼法”已经明示民事诉讼和家事事件程序内的和解笔录、调解协议均可以成为第三人撤销之诉的撤销对象。[②]

调解书一直是民事诉讼法审判监督程序所调整的对象，将其列为第三人撤销之诉的撤销对象在理论和司法实践上都不存在太多障碍。但与判决书相比，我国人民法院制作的调解书在内容上十分简略，当事人如果想对调解书提起第三人撤销之诉，则要达到《民诉法解释》第290条规定的起诉条件较为不易。

此外，现行《民事诉讼法》和《民诉法解释》都没有涉及的问题是仲裁裁决能否成为撤销对象。在比较法上，只有《法国新民事诉讼法典》第1481条规定，对于仲裁裁决，可以提出第三人撤销之诉。学界和司法实务界都有主张将仲裁裁决纳入第三人撤销之诉撤销对象的观点。按照我国《仲裁法》第58条的规定，只有当事人可以在特定情形下向仲裁委员会所在地的中级人民法院申请撤销仲裁裁决。案外第三人只有在仲裁裁决进入执行程序后才可能申请执行异议、提出执行异议之诉。在司法实践中已经存在案外人申请撤销当事人之间仲裁裁决被人民法院裁定驳回的案例。[③] 该案被佛山中院以主体不适格为由裁定驳回，但佛山中院在裁定书中说理部分分析高新公司能否申请撤销仲裁裁决时的立场却颇有深意。佛山中院首先提出“撤销仲裁裁决程序实质上是一种撤销之诉，虽然我国法律并没有明确规定赋予仲裁案外人撤销

---

① 参见台北地方法院2012年度撤字第1号判决。

② 参见我国台湾地区“家事事件法”第35条、第45条、第98条、第101条、第107条；台湾地区“民事诉讼法”第380条、第416条。

③ 广东省佛山市中级人民法院（2004）佛中法民四初字第133号民事裁定书。

仲裁裁决的诉权，因仲裁裁决撤销程序的启动并不必然影响生效裁决的效力与执行，如果与仲裁裁决有一定利害关系的案外人对该裁决质疑，可以允许其提起撤销仲裁裁决的申请，以免其丧失在程序上合理的权利救济途径”，进而分析高新公司是仲裁裁决的“间接利害关系人”而非“直接利害关系人”，所以主体不适格。理论上，特别是在涉及多方主体的商业项目中，项目的履行往往都是通过数个双边协议（包括仲裁协议）来实现的，在发生纠纷时受制于仲裁协议的存在，也只有协议双方能够作为当事人进入仲裁，这就导致了“涉及多方主体利益的管辖权碎片化”，因此，赋予在法律或者经济上与仲裁所要解决的纠纷有密切联系的第三方挑战生效仲裁的权利是必要的。①

按照法国《新民事诉讼法》第1481条和司法判例的规定，对于仲裁裁决书、外国判决签发执行令的判决、外国仲裁裁决的执行决定书、紧急审理裁定等均可以提出第三人撤销之诉。② 扩大第三人撤销之诉撤销对象的范围是近年来法国立法和司法实践发展的趋势，而且为了保护案外第三人免受生效仲裁裁决的不利影响，确实有必要赋予案外第三人权利救济途径。但考虑到我国《仲裁法》在整个法律体系中的地位和特殊性，笔者还是建议应当将这一问题留待将来修订《仲裁法》时予以统一考虑。

三、撤销对象的内容

《民事诉讼法》第59条第3款规定：“……有证据证明发生法律效

---

① Stavros Brekoulakis, The Relevance of the Interests of Third Parties in Arbitration: Taking a Closer Look at the Elephant in the Room, *Penn State Law Review*, 2009, Vol.113, pp.1168-1170.

② 《法国新民事诉讼法典》（上册），罗结珍译，法律出版社2008年版，第642页。

力的判决、裁定、调解书的部分或者全部内容错误，损害其民事权益的……”依照《民诉法解释》第 294 条规定，判决、裁定、调解书的部分或者全部内容，是指判决、裁定的主文，调解书中处理当事人民事权利义务关系的结果。根据上述法律条文不难得出以下结论：第一，只有判决、裁定的主文，调解书中处理当事人民事权利义务关系的结果存在错误并损害第三人的民事权益时，其才可以提起撤销之诉；第二，判决、裁定和调解书中存在事实认定或法律适用错误，但主文或处理当事人民事权利义务关系的结果并不存在错误的，第三人无权提起撤销之诉。再结合《民诉法解释》第 298 条关于针对不同诉讼请求的处理结果的规定，可以被撤销或改变仅限于判决、裁定的主文部分和调解书中处理当事人民事权利义务关系的结果。最高人民法院所作的权威解读可以总结为两个层次：第一，裁判文书说理部分的争点效力不及于第三人，对第三人民事权益影响的可能性很低；第二，即使有影响，按照《民诉法解释》第 93 条第 5 项和《民事诉讼证据规定》第 10 条第 6 项的规定，生效裁判所确认的事实在后诉中当事人仍可以推翻。①

从比较法上考察，法国《新民事诉讼法》第 585 条规定，原则上对于任何“判决”(tout jugement)均可以提起第三人撤销之诉。而且第三人撤销之诉只能针对判决主文而不能针对判决理由提出。② 在具体的撤销对象内容上，仅姜世明教授在介绍法国的制度时有提到“以确认系争判决无理由性为目标”的第三人撤销之诉是要求撤销判决理由中的争点，并非主文。③ 实情究竟如何，尚有待寻找更为丰富的比较法资料予以佐证。我国台湾地区现有的第三人撤销之诉案例均为就裁判主文提

---

① 最高人民法院主编：《最高人民法院民事诉讼法司法解释理解与适用》，人民法院出版社 2015 年版，第 793～794 页。

② [法]让·文森、塞尔日·金沙尔：《法国民事诉讼法要义》(下)，罗结珍译，中国法制出版社 2001 年版，第 1290 页；《法国新民事诉讼法典》(上册)，罗结珍译，法律出版社 2008 年版，第 633 页。

③ 姜世明：《概介法国第三人撤销诉讼》，载《台湾本土法学杂志》2005 年总第 79(11)期。

起撤销请求，尚无就判决理由中的争点提起撤销之诉的案例。但我国台湾地区学界近年来对于判决理由中判断的拘束力以及争点效等问题的研究越发倾向于赋予判决理由中的判断一定的拘束力，但不同学说对于产生拘束力的理论基础和构成要件仍然存在较大的争议；在司法实务中我国台湾地区"最高法院"一方面在部分案例中明确否认判决理由中的判断有拘束力，但另一方面又基于诚实信用原则等因素考量，在部分案件中承认拘束力，甚至直接使用"争点效"的概念。① 因此，虽然没有案例支撑，但也不能武断地认为判决理由中的判断一概不能成为第三人撤销之诉的撤销对象。

我国的民事判决书、民事裁定书一般由标题、编号、诉讼参加人及基本情况、案件由来和审理经过、裁判正文等部分组成。按照现行法律和司法解释的规定，裁判主文作为撤销对象并无争议。裁判文书的说理部分一般可以区分为"经审理查明……"的法院认定事实和采信证据，以及"本院认为……"中法院根据所认定事实和采信证据结合法律规定进行推理和判断的过程。《民诉法解释》第 298 条中"判决、裁定的主文部分"应当如何理解实为第三人撤销之诉撤销对象具体内容的核心所在。一般而言，判决、裁定的主文都较为简洁，对于诉讼标的判断应当结合判决的事实与理由进行综合判断。② 因此，在仅就"主文"无法识别诉讼标的的前提下，仍然需要结合裁判理由中的"要件事实"或"主要事实"来判断或认定具体的撤销对象。

此外，《民诉法解释》第 298 条虽然将《民诉法解释》第 93 条第 5 项

---

① 关于我国台湾地区学界和司法实务界对判决理由中判断的拘束力问题的讨论参见沈冠伶教授在台湾地区民事诉讼法研究基金会第 103 次会议上的报告及其他学者和司法实务界人士的讨论。沈冠伶等：《民事判决之既判力客观范围与争点效——从新民事诉讼法架构下之争点集中审理模式重新省思》，载民事诉讼法研究基金会编：《民事诉讼法之研讨（十七）》，台湾元照出版公司 2010 年版，第 1～92 页。

② 姜世明：《民事诉讼法》（下册），台北新学林出版股份有限公司 2014 年修订 2 版，第 289 页。

和《民事证据若干规定》第 10 条第 6 项规定的"生效裁判所确认的基本事实"明确排除在撤销对象之外，但在司法实务中对相关判决效力概念的识别与理解仍然有待进一步形成共识。[①] 第三人撤销之诉作为特别救济程序，解决矛盾裁判问题是其适用的前提条件之一，出于合理区分既判力的消极作用、积极作用以及预决效力等不同层次判决效力功能的考虑，也不宜将撤销对象的范围扩张至结合"主文"的"要件事实"或"主要事实"以外的其他间接事实、辅助事实等层面。间接事实和辅助事实等层面的问题可以通过在后诉中予以推翻或证伪的方式解决。

在司法实践中，调解书的格式并不统一。部分法院制作的调解书在陈述完审理经过之后并不进行事实认定，而是直接陈述双方达成调解协议的内容；相反，也有部分法院会在陈述审理经过后进行简单的事实认定，最后再公布调解书所确认的协议内容。调解书所确认的调解协议内容无疑可以成为具体的撤销对象，但对于事实认定部分能否成为撤销对象确实比较难回答。首先，部分法院出于"规避风险"等种种因素考虑，在制作调解书时可能就不会做事实认定；其次，如果调解书中存在"经审理查明……"的事实认定，那么事实认定部分就可能产生证明效力，进而影响到案外第三人的合法权益。当事人提起第三人撤销之诉要求撤销相应的事实认定部分也是可以允许的。此外，对于调解书的具体撤销内容而言，最为复杂的问题是在法院未作事实认定的前提下，调解书的部分或者全部内容错误应当如何认定？法院调解遵循自愿和合法的原则，只要不违反法律的强制规定或者当事人自愿原则，应该说调解书的内容就不存在错误。因此，在以调解书作为撤销对象的案件中，相关诉讼要件的界定仍然存在进一步解释的空间。

---

① 参见王亚新教授等对"预决效力"不同观点的整理以及对既判力的消极作用、积极作用以及预决效力等概念的梳理和类型化阐释。王亚新等：《前诉裁判对后诉的影响——〈民诉法解释〉第 93 条、第 247 条解析》，载《华东政法大学学报》2015 年第 6 期。此外，在仲裁裁决中，由于经常涉及仲裁协议效力、仲裁管辖等问题的认定，所以对撤销对象内容的界定会更为复杂。

总体而言,《民诉法解释》第 294 条、第 295 条对第三人撤销之诉撤销对象及内容的界定较为契合《民事诉讼法》的立法目的和我国的司法实践。第三人撤销之诉的立法目的与其程序性质之间固然存在一定的张力,作为整个制度安排一环的撤销对象范围亦不能超出这种张力的界限。就宏观层面而言,在法院贯彻"繁简分流""程序分化"的司法政策背景下,特别是在法院越来越多地通过促进和解、调解等形式参与当事人纠纷解决,加强诉讼程序与调解、仲裁等替代性纠纷解决方式的衔接,审判权行使的多元化和社会化程度比过去大大加深。单纯地以生效裁判文书形式作为判断第三人撤销之诉撤销对象的标准已经具有一定的局限性。相反,法院对于纠纷解决的实际参与程度和生效裁判文书对于第三人民事权益的影响则应更多地被纳入考量范围之内。在微观层面,具体撤销对象内容则应在细致区分既判力、预决效力等作用范围基础上,结合第三人撤销之诉的制度功能予以界定。任何制度或程序的完善都有赖于相关基础理论发展及司法实践条件的成熟,在此意义上,本书的研究仅为抛砖引玉,就第三人撤销之诉程序的解释适用而言,仍需要有大量基础性的理论研究和司法实践经验总结作为支撑。

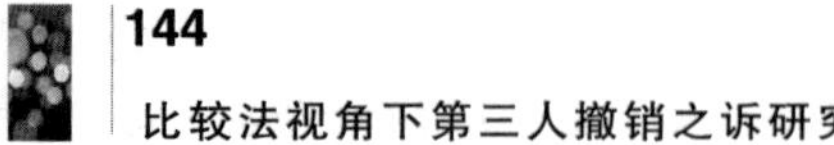

第七章

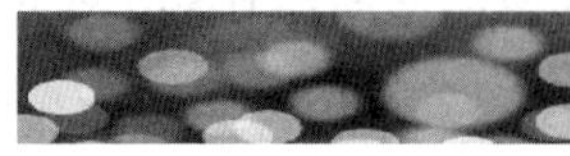

第三人撤销之诉程序论

学界对第三人撤销之诉的既有研究成果主要围绕其适格主体和与虚假诉讼的关系展开。随着《民诉法解释》以及各地高院关于审理第三人撤销之诉的规范性文件开始实施,第三人撤销之诉已经逐步在司法实践中形成相对稳定的程序操作模式,也带来了一些新的问题亟待理论回应。有鉴于此,本章主要围绕第三人撤销之诉的程序建构问题展开讨论。此外,来自司法实务界的研究虽然对诉讼程序建构极为关注,但多数均止步于亮明观点,缺少深入论证和理论支撑。基于这样的认识,本书借助对部分地区法院的调研和检索到的案例资料,主要从制度本身机理和规范性目的的视角出发,提出能够良好嵌入既有民事诉讼制度体系的第三人撤销之诉程序操作方案。

一、第三人撤销之诉在司法实践中的运作情况

在司法实践中,除少数地方高级人民法院以讨论纪要、指导意见等形式针对第三人撤销之诉案件的案由、管辖、审查内容、审理程序等内

容作出原则性规定外，[①]更为普遍和常见的是各地法院在审理此类案件中所展现的程序规则。

就笔者在法院调研以及相关数据库检索中所接触到的资料而言，各地法院处理第三人撤销之诉案件的程序操作既有司法技术层面的种种区分，亦有价值追求上的共通之处。在立案审查方面，各地法院为第三人撤销之诉编立的案号并不一致，有以“民(商、知民)撤初字”立案，也有按照一般民商事案件案号立案。第三人撤销之诉并非规定在“审判监督程序”一章，故而在实践中多数法院是由立案庭来承担立案审查工作的，审查认为符合起诉条件的，再移交审判庭审理；也有少数法院采取由立案庭直接移交给相关审判庭审查是否符合起诉条件，审查期限为 3 个月，符合受理条件的再移交给审监庭审理。在审理程序方面，由于第三人撤销之诉的部分起诉条件，比如“发生法律效力的判决、裁定、调解书的部分或者全部内容错误，损害其民事权益”同样也可以视作实体审理的对象，对于原告适格问题的判断也会因为所处诉讼阶段的不同而采取“裁定”或“判决”的形式予以处理均时时可见。就目前出现的案例而言，绝大多数法院在受理案件后往往只处理原审生效裁判是否应予以撤销的问题，对于原审诉讼所涉及的民商事纠纷，一般在作出准予撤销原生效裁判的判决后往往会指示当事人另行起诉。在上诉和救济程序方面，不论对于不予受理、驳回起诉的裁定，还是驳回诉讼请求的判决，均可以提起上诉。综上所述，着眼于司法实务中程序操作的共性特征，我们大致可以得出各地法院仍然是以普通审判程序为主，适当延长立案审查期间的方式来处理第三人撤销之诉案件的判断。

---

① 比如，《江苏省高级人民法院关于做好修改后的〈中华人民共和国民事诉讼法〉施行后立案审判工作的讨论纪要(苏高法审委[2012]10 号)》第 18 条至第 22 条(检索自北大法宝“地方法规规章”数据库)以及北京市高级人民法院民一庭印发的《关于审理第三人撤销之诉案件适用法律若干问题的研讨纪要》。

与司法实践中的程序操作相悖的是，自2012年《民事诉讼法》修订一直延续至今，来自司法实务界人士的一种有力观点却主张参照审判监督程序设计或由审判监督庭来主导第三人撤销之诉的审理程序。[①] 其主要理由包括：第三人撤销之诉的案件性质与审判监督程序相符，审监庭的组织架构和人员经验适合处理此类案件；第三人撤销之诉的功能与案外人申请再审近似，适用审判监督程序便于审判人员把握审理标准；在比较法上，我国台湾地区也有第三人撤销之诉可以准用再审程序的规定。但倘若参照审判监督程序或以审判监督庭为主导建构审理程序，那么立法机关对于第三人撤销之诉的定位与审判监督程序性质的冲突如何协调，法院依据第59条第3款"改变"原生效裁判如何实现，第三人撤销之诉的上诉和救济程序又如何建构等问题又很难予以回应和解决。从司法实践程序操作与司法实务界人士对于程序建构理念所存在的严重分歧不难判断，司法实务对第三人撤销之诉的立法目的、制度功能和程序定位尚存在较多模糊与不确定之处。法律解释工作的最终目标在于寻求法律的规范性意义并兼顾立法者的规定意向，[②]寻求解决第三人撤销之诉程序建构问题的法理依据和有效路径也必须回归到对制度规范性目的的阐释上。

---

① 司法实务界主张参照审判监督程序建构审理程序的观点可以参见吴兆祥、沈莉：《民事诉讼法修改后的第三人撤销之诉与诉讼代理制度》，载《人民司法》2012年第23期；高民智：《关于案外人撤销之诉制度的理解与适用》，载《人民法院报》2012年12月11日第4版；袁巍、孙付：《第三人撤销之诉的法律适用与程序构建》，载《山东审判》2013年第1期；肖少珍：《第三人撤销之诉法律适用问题初探》，载《人民法院报》2014年6月25日第8版；董建铁等：《适用第三人撤销之诉的若干思考》，载《人民司法》2014年第9期。

② [德]卡尔·拉伦茨：《法学方法论》，陈爱娥译，商务印书馆2003年版，第199页。

二、规范性目的与程序建构

1.第三人撤销之诉规范性目的的阐释

按照《全国人民代表大会法律委员会关于〈中华人民共和国民事诉讼法修正案(草案)〉审议结果的报告》中提出的修改意见,设立第三人撤销之诉主要是因为在司法实践中,当事人利用恶意诉讼等手段损害案外人合法权益的现象日益突出,除应当适用妨害民事诉讼的强制措施遏制上述现象外,还应当在民事诉讼法中增加对案外被侵害人的救济渠道。[①] 在法律解释的方法论层面上,对于规范性目的的阐释有"客观目的论"和"主观目的论"两种标准,二者均是进行立法目的阐释、解释法律适用的重要工具。[②] 应当说,第三人撤销之诉已有研究的发展历程即反映了研究者对于立法者所设定规范性目的的理解和阐释的不断深入。

按照《民事诉讼法》第 59 条第 3 款的法条结构,第三人提起撤销之诉应当满足三个要件:因不能归责于自己的事由未参加诉讼;有证据证明发生法律效力的判决、裁定、调解书的部分或者全部内容错误,损害其民事权益;自知道或者应当知道其民事权益受到损害之日起 6 个月内提起该诉讼。其中,前两项要件作为实质性要件分别从程序保障和实体救济两个层面限定了第三人撤销之诉法律效果的发生,从法条结

---

① 2012 年 8 月 27 日在第十一届全国人民代表大会常务委员会第二十八次会议上《全国人民代表大会法律委员会关于〈中华人民共和国民事诉讼法修正案(草案)〉审议结果的报告》(检索自北大法宝"立法背景资料"数据库)。

② 关于"客观目的论"和"主观目的论"的界定、分歧和阐释参见《法学方法论》([德]卡尔·拉伦茨著,陈爱娥译,商务印书馆 2003 年版,第 211～216 页)及《法理学》([德]魏德士著,丁晓春、吴越译,法律出版社 2013 年版,第 333、341 页)。

构和制度本身机理出发，应当解读出第三人撤销之诉的立法目的在于维护案外第三人的合法民事权益，即具有同时追求程序保障和实体权利救济的双重意义。

基于兼顾主、客观目的论立场的规范性目的阐释，第三人撤销之诉的机理和功能应当定位于为案外第三人提供充分的实体和程序救济，在纠正错误裁判的基础上，发挥遏制虚假诉讼、恶意诉讼的附带性作用。作为程序建构基础的程序法理，同样需要遵循规范性目的和制度预设功能的指引。

(1)第三人撤销之诉的程序建构应当更加侧重于“程序保障”，而非“纠纷一次性解决”。“程序保障”和“纠纷一次性解决”均是现代民事诉讼法所追求的价值，二者之间常存在着紧张关系。程序保障的基本要求是受判决效力拘束的主体应被赋予参与程序的机会，并合理预测该程序所将发生拘束力的内容及范围，据此可以提出相应的攻击防御方法；而“纷争一次性解决”则追求的是在客观面上尽可能扩大判决拘束力覆盖的事项，在主观面上尽可能扩及纷争相关的所有当事人。[①] 第三人撤销之诉追求的是为未获得机会参加诉讼的第三人提供不低于另行提起新诉讼的充足程序保障，在审理程序的设计上也应当以此为判断基准。

(2)程序建构应当兼顾案外第三人、原审当事人和法院的利益平衡。将程序启动权赋予案外第三人本身即代表了制度设计上对其实体权利救济的倾斜；相应地，原审当事人可能面临的实体利益损失和诉讼成本增加则需要通过进一步强化法院对案件起诉条件的审查予以平衡。立足法院的视角，管辖、诉的合并等具体制度安排直接关系到案件量在不同层级法院的分配和纠纷解决的彻底性，从而影响到法院的审判能力和裁判质量。此外，法院系统内部的司法管理机制也是直接影响第三人撤销之诉程序运转的重要因素之一。第三人撤销之诉在客观

---

① 黄国昌：《民事诉讼理论之新开展》，北京大学出版社 2008 年版，第 263 页。

上虽然具有纠正错误裁判的功能，但是否要像启动审判监督程序一样，将其纳入考核“审判公正”“审判效果”等案件质量评估指标则需要慎重考虑。

(3)程序建构还需要遵循程序分化与职能分层的基本要求。立法机关将第三人撤销之诉与公益诉讼等在立法体例中置于“总则”之下即隐含“程序分化”的立法意识。“程序分化”的概念主要强调民事诉讼立法中应当存在的不同种类一审程序以及这些程序之间交互关系和构成的制度体系，与作为司法实务运作层面的“繁简分流”不同，程序分化更加强调不同程序之间达成某种程度的平衡。[①] 与侧重“横向”关系的程序分化不同，法院的职能分层是指在上下级法院之间的关系上通过明确各自的职能配置和权力界限，建立以一审程序为重心、上下级法院之间相互制约的运作机制。[②] 第三人撤销之诉的程序建构本身也面临着由于不同类型适格主体启动诉讼而产生的程序分化问题，与此同时，管辖、上诉救济程序的安排同样影响到上下级法院的职能分工。

2.程序建构的整体思路

从当事人向法院起诉寻求救济开始，到案件在程序或者实体上终结，一般都会经历立案、审理、裁判、上诉等程序流程。对于第三人撤销之诉的程序建构而言，除了一般性的程序操作外，最为重要的程序建构主要体现在反映当事人与法院权责界限、上下级法院之间工作负担分配等重要程序节点上。

第三人撤销之诉程序流程中最为重要的几个环节即在立案审查、管辖、审理(包括诉的合并)、上诉及救济程序以及裁判的法律效果。总体而言，在前述程序法理的指引下，第三人撤销之诉应该按照如下内容进行程序建构：

---

① 王亚新：《民事诉讼法修改中的程序分化》，载《中国法学》2011 年第4 期。

② 傅郁林：《分界・分层・分流・分类——我国民事诉讼制度转型的基本思路》，载《江苏行政学院学报》2007 年第 1 期。

(1)第三人撤销之诉的审理程序应当定位于普通诉讼程序。第三人撤销之诉在性质上虽然属于特殊救济程序,但并不必然以既有的审判监督程序作为程序建构参照的唯一选项。我国的审判监督程序在当事人程序保障以及程序公开性、兼容性方面都较为不足,从侧重程序保障的立法目的出发,普通诉讼程序相较于审判监督程序而言更具有优势。

(2)尽量使原审案件的一审法院管辖并审理第三人撤销之诉案件。从保护当事人实体权利和平衡上下级法院之间工作负担的视角出发,由原审案件的一审法院审理第三人撤销之诉案件比较方便查明案件事实、保护当事人的上诉利益,也符合不同层级法院的职能分工。在程序设计上,可以考虑在适当条件下引入管辖权转移,变通既有的管辖制度从而实现上述目的。

(3)以第三人撤销之诉原告适格的类型化研究为基础,进一步细化审查和审理程序,从而实现程序分化。现行法律明确规定法院认为诉讼请求成立的,应当"改变或者撤销"原生效裁判。在司法实践中,绝大多数法院作出支持原告请求的第三人撤销之诉裁判均为撤销或者部分撤销原生效裁判,并告知当事人可以就涉及原诉讼的纠纷另行提起新的诉讼。从解释论的视角对"改变"原生效裁判作限缩解释并非完全不可行,但从保护当事人利益以及节约审判资源的角度出发,并无必要在审理程序中排斥诉的合并。审理程序也应在保持一贯稳定性和可预测性的基础上,兼顾当事人的程序参与和控制。

三、管辖权转移视角下的再完善

《民事诉讼法》第 59 条第 3 款对于第三人撤销之诉管辖制度的规定极为明确:当事人提起第三人撤销之诉应当向作出该判决、裁定、调解书的人民法院提起诉讼。应该说,尽管《民事诉讼法》对于第三人撤销之诉的制度设计仍然是一种“原则性立法”，但在管辖方面的规定却是相对具体和明确的。在司法实践中，可能会成为问题的是，提起第三人撤销之诉的当事人的审级利益如何保护以及上下级法院之间案件量如何合理分配。根据笔者在中国裁判文书网以及多地法院调研的情况来分析，案外第三人针对第二审法院乃至再审法院作出的生效裁判提起撤销之诉的案件数量并不在少数。由作出二审裁判的法院专属管辖第三人撤销之诉，已经造成高级人民法院和最高人民法院的案件受理量剧增；当事人对最高人民法院作出的二审裁判提起第三人撤销之诉，则上诉权又无法得到保障。这也构成了部分地区法院排斥适用第三人撤销之诉程序的主要原因之一。①

管辖制度是各级法院以及同级法院之间合理分配民事案件的一套程序性规则。一般确定具体案件或者某项程序的管辖只需要考虑是否便于当事人进行诉讼、是否便于案件审理和执行、各级法院的工作负担是否均衡以及在涉外案件中是否有利于维护国家主权等因素即可。但在我国特有的司法制度运行环境下，管辖制度承担了很多理论预设之外的职能。吸取近年来审判监督程序管辖制度不断修订的经验，第三人撤销之诉管辖制度应当兼顾我国司法实践环境和制度规范性目的的实现。按此标准，笔者建议第三人撤销之诉管辖制度可以考虑结合《民事诉讼法》第 39 条关于“管辖权转移”的规定，在不突破原审法院专属管辖的前提下赋予法院一定的裁量权，将部分类型的第三人撤销之诉案件移转给下级人民法院管辖。这样既方便当事人进行诉讼，也能够防止高级人民法院和最高人民法院案件负担过重。当然，管辖权下移可能面临的制度困境就是第一审法院撤销或者变更第二审法院作出的生效裁判是否妥当？在学理上，任何生效裁判作出后，非经特别救济程

① 北京市高级人民法院《关于在民事审判工作中贯彻执行〈民事诉讼法〉的参考意见》第 22 条明确规定，要依法通知和追加第三人，“第三人不参加诉讼的，人民法院应当在全面审查证据、综合考虑案情的基础上作出判决，防止造成第三人撤销诉讼”。

序不能够被任何法院撤销或变更。其中，生效裁判不能被原审法院撤销或变更是基于判决自缚性的要求；而不能被其他法院（包括上级、同级和下级法院）撤销或变更则是源于既判力的作用。但在启动特别救济程序，如审判监督程序或第三人撤销之诉程序的情形下，生效裁判的撤销或变更就获得了正当性基础。在制度逻辑上，只有在提起上诉的情形下，上级法院撤销或变更下级法院的裁判才具有法律依据。审判监督或第三人撤销之诉的适用对象是已经发生法律效力的判决，原则上案件由作出终局裁判的原审法院专属管辖无疑最具正当性；但出于司法政策以及便于提出新的攻击防御方法等因素的考量，规定由上级或下级法院管辖也并非“离经叛道”。①

按照《民事诉讼法》第 39 条的规定，上级法院只有在“确有必要”的情形下才能将本院管辖的第一审民事案件交由下一级法院审理；同时，还应当报上一级人民法院批准。第三人撤销之诉案件的管辖权下移必须满足如下条件：

1. 被申请撤销的生效裁判必须是经历过第二审程序审理作出的。在司法实践中，倘若原审诉讼确是虚假诉讼，一般情形下当事人都极少上诉，不太可能经由第二审程序作出终审裁判。当事人要求撤销经历第二审程序作出的裁判往往是因为案情确实比较复杂、涉及多方程序主体利益，或者原诉讼遗漏了应当参加诉讼的必要共同诉讼人或者第三人。比如，在遗产继承案件中，部分继承人可能故意向法院隐瞒其他继承人的存在，导致其他继承人的继承权受到损害；但这类案件并不是虚假诉讼，原诉讼中继承人之间的争议和纠纷也是真实存在和需要裁判的。当事人就此类案件提起的第三人撤销之诉，从查明事实的角度出发，更适合由作出一审裁判的法院管辖和审理。

2. 当事人并不是以虚假诉讼为由提起第三人撤销之诉。虚假诉讼本身是一种诉讼现象，它的主要特征是诉讼参加人以谋取不正当利

---

① 我国《民事诉讼法》第 206 条规定，当事人对已经发生法律效力的判决、裁定，认为有错误的，可以向上一级人民法院申请再审。

益为目的，恶意串通，通过虚构民事法律关系或法律事实的方式，诱使法院作出错误裁判。管辖权下移的主要目的是方便查清案件事实、统一解决当事人之间的民事纠纷。对于以虚假诉讼为由提起的第三人撤销之诉，一般而言，第三人与原诉讼当事人之间并不存在实质民事纠纷，仅仅需要撤销已经作出的生效裁判，故而没有统一解决纠纷的必要。

综上所述，当事人对经历过第二审程序作出的生效裁判提起第三人撤销之诉是可以考虑利用“管辖权转移”制度合理分配上下级法院之间案件负担。在具体案件类型方面，可以根据司法实践的发展逐步予以类型化并明确界定。从司法政策的角度分析，第三人撤销之诉的制度安排虽然具有特殊救济程序的性质，但更侧重于保护未受到程序保障的案外第三人民事权益。不难推测，这也是立法机关并未将第三人撤销之诉的管辖制度与审判监督程序作相同规定的主要原因。因此，综合考量案件事实的查明、便于当事人诉讼以及保障上诉权等多重因素，适时将案件的管辖权赋予第一审法院也更加符合立法目的。

四、审理及救济程序的建构

现行法律并未对第三人撤销之诉的审理和救济程序作出明确的规定，但是全国人大法工委民法室在立法说明中却特别指出，“第三人提起的撤销之诉是依据新事实提起的新诉讼，对新诉的裁判，第三人和原诉的当事人可以提起上诉”[①]。如果按照“新诉讼”的概念来理解第三人撤销之诉，那么就不适宜按照审判监督程序设计第三人撤销之诉的审理和救济程序。第三人撤销之诉本质上是一个新诉，而不是依照审

---

① 全国人大常委会法制工作委员会民法室编：《中华人民共和国民事诉讼法条文说明、立法理由及相关规定》，北京大学出版社 2012 年版，第 86 页。

判监督程序进行的再审。正如前文所述，多数司法实务人士倾向于参照审判监督程序建构第三人撤销之诉的审理程序；所谓结合一般民事诉讼和再审程序的观点实质上也是更倾向于利用审判监督程序进行审理的。[①]

以我国立法机关、司法实务部门的建议作为评析起点，关于第三人撤销之诉审理及救济程序的建构方案，目前基本上存在两种路径：

第一种路径可以称之为“特别救济程序”的审理和救济程序模式。我国台湾地区的第三人撤销诉讼与再审之诉同属于以除去终局判决为目的的特别救济程序，因此，在提起诉讼的程式要求、对于不合法或者显无理由诉讼的裁判、审理范围、诉讼程序等方面均准用再审之诉的有关规定。[②] 如若比照审判监督程序设计第三人撤销之诉的审理及救济程序，那么第三人撤销之诉的审理程序则应分为适法性判断、事由审查和本案审理三个阶段进行。前两个阶段主要审查当事人提起第三人撤销之诉的诉讼要件是否齐备以及是否具备提起撤销诉讼的具体事由；在通过前两个阶段的审查后才能进入本案审理阶段。在审理程序中，生效裁判是由第一审法院作出的，按照第一审程序审理，当事人可以上诉；生效裁判是由第二审法院作出的，则按照第二审程序审理，所作出的判决、裁定和调解书随即发生法律效力，不得上诉。上级法院受理撤销之诉申请并裁定由本院提审的，按照第二审程序审理，所作的判决、裁定和调解书是发生法律效力的判决、裁定和调解书。此种程序安排的优势十分明显：以审判监督程序的审查、审理及救济程序为参照，符合人民法院各个内设庭室的分工，在司法实践中具有较强的操作性。但缺点也是十分突出的，即与立法机关将第三人撤销之诉定位为一种“新诉”、需要尽量保障第三人的诉权和实体权利救济的立法目的相悖。

---

① 黄忠任：《新民诉法第三人撤销之诉的制度构成与适用》，http://www.chinacourt.org/article/detail/2013/07/id/1022580.shtml，下载日期：2013 年 7 月 8 日。

② 许士宦编：《民事诉讼法》，台湾地区新学林出版社 2011 年版，第 A840 页。

按照我国审判监督程序的相关规定，当事人亦无法要求法院一并审理涉及原诉讼当事人的实体权利义务关系或者提出损害赔偿请求。此外，我国审判监督程序与德国、日本再审之诉相较而言，赋予当事人的程序保障和救济途径明显不足。[①]

第二种路径可以称之为"普通诉讼程序"的审理模式，虽然承认第三人撤销之诉在理论上具有"特殊救济"的性质，但将其视为常规的普通诉讼设计相关程序。法国的第三人撤销之诉虽然被规定在"非常上诉途径"一章之下，但通常都适用普通程序进行审理。在救济途径方面，法国的第三人撤销之诉程序与普通诉讼程序相比并无区别，即提起第三人撤销之诉的当事人和原诉讼的当事人均可以就第三人撤销之诉的一审判决提出上诉、提出缺席判决异议、申请复核审和提出再审申请。[②] 在学界，也有学者主张第三人撤销之诉应当是一个新的诉讼程序而并非对原诉讼程序的否定和继续进行，不论对于一审判决还是二审判决，都应该二审终审。[③] 在"普通诉讼程序"的审理模式下，当事人提起第三人撤销之诉即相当于向法院提起一项普通的诉讼，虽然起诉条件较其他一般民事诉讼要高。法院可以按照普通诉讼审查其起诉条件是否齐备即可裁定受理与否。在本案审理程序中，考虑到程序公正等因素，应当另行组成合议庭进行审理。当事人对于法院作出的不予受理、驳回起诉的裁定以及一审判决均可以提起上诉。第二种程序设计模式或许不符合所谓"特殊救济"程序的性质，但其一方面能够给第三人撤销之诉的当事人提供更加充分的程序保障和权利救济途径——针对不予受理或驳回起诉裁定的上诉权；另一方面，如果当事人要求法院一并审理涉及原诉讼的纠纷或者提出损害赔偿请求，法院也可以视

---

① 在我国由当事人向法院申请再审，被裁定驳回后是不能上诉的。

② 巢志雄：《法国第三人撤销之诉研究——兼与我国新〈民事诉讼法〉第 56 条第 3 款比较》，载《现代法学》2013 年第 3 期。

③ 张卫平：《第三人撤销判决制度的分析与评估》，载《比较法研究》2013 年第5 期。

具体情况决定是否合并审理，从而在相当程度上实现纠纷一次性解决和降低诉讼成本的目的。目前，我国已有的第三人撤销之诉司法实践虽然尚未出现合并审理的情形，但多采取普通诉讼程序的模式，允许当事人提起上诉。《民诉法解释》第300条实际上也采取了“普通诉讼程序”的审理模式，明确规定，“对前款规定裁判不服的，当事人可以上诉”。

不过，建构第三人撤销之诉审理及救济程序并不一定要在上述两种模式之间做“非此即彼”的选择。司法实务部门倾向于参照审判监督程序的建构路径有其现实可行性，立法机关和学界主张按照“新诉”来设计相关程序则是更多考虑程序保障以及实体权利救济的规范性目的。从程序保障、诉讼成本、纠纷一次性解决、各级法院工作负担合理分配以及司法公信力等五项第三人撤销之诉可能涉及的“指标”来衡量，以普通诉讼程序为基础，同时加强对起诉条件的审查应当是最具现实可行性的方案。这样既可以弥补我国审判监督程序在程序保障方面的不足，又能够较好地契合人民法院内设立案、审判、审监等职能庭室的分工。①

此外，在制度预设上我国立法机关不仅没有赋予第三人撤销之诉程序谦抑性，相反，是将其作为弥补第三人权利保障机制不足而赋予第三人的事后权利救济途径。在司法实践中，第三人撤销之诉已经出现了被滥用的端倪。② 几乎可以预见，第三人撤销之诉可能会成为造成“终审不终”的又一重要诱因。因此，虽然在审理和救济程序的建构上偏向于普通诉讼程序，但审判业务庭室同样需要加强对第三人撤销之诉起诉条件的审查。

---

① 王亚新教授的研究已经发现在涉及第三人撤销之诉案件审查起诉条件的司法实践中，驳回起诉的裁定要远远多于不予受理，而对于原告适格的判断甚至以“判决”的形式作出也经常出现，反映出各地法院在审查起诉条件时的慎重。参见王亚新：《第三人撤销之诉原告适格的再考察》，载《法学研究》2014年第6期。

② 林劲标、凌蔚、卢柱平：《第三人撤销之诉猛增——纠错需要还是滥用诉权》，载《人民法院报》2013年12月23日第6版。

五、诉的合并及裁判

现行法律同样并未对诉的合并问题作出明确的规定，但人民法院经审理认为诉讼请求成立的，“应当改变或者撤销原判决、裁定、调解书”的规定在解释论上却存在多重可能性。按照《民诉法解释》第298条第1款的规定，第三人撤销之诉的“请求成立且确认其民事权利的主张全部或部分成立的，改变原判决、裁定、调解书内容的错误部分；请求成立，但确认其全部或部分民事权利的主张不成立，或者未提出确认其民事权利请求的，撤销原判决、裁定、调解书内容的错误部分；请求不成立的，驳回诉讼请求”。

作为诉讼法上的形成之诉，第三人撤销之诉的诉讼标的固然需要视具体个案情形而定，但其核心功能却是将生效裁判已经确认或形成的法律关系予以撤销，使之恢复到原始状态。因此，在理论和司法实践中都显得极为重要的问题是，第三人撤销之诉的当事人能否要求法院一并处理原诉讼所涉及的权属纠纷？或者站在审判权的视角，法院是否可以把请求撤销原审裁判的形成之诉与新提起的确认之诉或者给付之诉等合并审理？回答上述问题的困难之处在于需要通盘考虑民事诉讼理论的自洽、相关程序设计以及司法实践的现实可行性。

在程序法理上，承认诉的客观合并的目的在于诉讼经济与防止产生矛盾裁判，而且民事诉讼法贯彻处分权主义原则，所以，在不损害诉讼程序安定的前提下应当尽量承认各种形态的诉的客观合并，从而使当事人的诉讼权可以在适当范围内行使。[①] 在我国，司法实务部门对这一问题尚且存在分歧。有观点认为，“人民法院不宜在撤销之诉中重

① 杨建华：《民事诉讼法要论》，北京大学出版社2013年版，第215页。

新对原判决当事人争议事项作出裁判”[①]。也有论者主张应当依据第三人与原诉讼当事人之间争议标的为物权还是债权、原审裁判是一审终审还是二审终审来判断是否需要合并审理。[②] 两种观点的共同之处是都以审判监督程序的审查和审理程序为模板构建第三人撤销之诉的审理程序。《民诉法解释》第 403 条第 1 款规定,“人民法院应当在具体的再审请求范围内或在抗诉支持当事人请求的范围内审理再审案件。当事人超出原审范围增加、变更诉讼请求的,不属于再审审理范围”。只有在法院作出再审裁定撤销原判决并发回重审后,当事人增加诉讼请求的,法院方可依照有关诉的合并的规定处理。按此司法解释的阐释,我国再审程序原则上是不允许申请再审人超出原审范围增加、变更诉讼请求的;在司法实践中法院也坚持上述立场。[③]

造成我国审判监督程序与德国、日本存在较大差异的根本原因还是在于诉讼模式和程序主体的“权力配置”不同。德国、日本的民事诉讼法典始终坚持当事人主义,在诉的合并、变更和追加等具体制度中都较为尊重当事人的处分权,法院仅在特殊情形下才予以干预和裁判。在我国,当事人变更或追加诉讼请求是由审判长决定是否同意或者合并审理的,而且在第二审和再审程序中,当事人提出新的诉讼请求被严格限制。设立第三人撤销之诉的根本目的还是在于保护第三人的合法权益,如果当事人除了要求撤销生效裁判之外还希望进一步解决原诉讼所涉及的纠纷,法院一般没有理由要求当事人另行起诉。但是,如果合并审理将使案件的调查和审理程序过于复杂,从而达不到上述目的的,法院则应当告知第三人另行起诉。例如,围绕第三人与原诉讼当事人之间的民事纠纷,可能还涉及未参加撤销之诉程序的案外人利益;原

---

① 吴兆祥、沈莉:《民事诉讼法修改后的第三人撤销之诉与诉讼代理制度》,载《人民司法》2012 年第 23 期。

② 高民智:《关于案外人撤销之诉制度的理解与适用》,载《人民法院报》2012 年 12 月 11 日第 4 版。

③ 王忠:《再审利益法律程序之保护》,载《人民司法》2009 年第 24 期。

诉讼存在有独立请求权第三人或被判决承担民事责任的无独立请求权第三人，相关主体间的权利义务关系有待进一步查清的。与此同时，如果相关诉讼请求涉及的民事纠纷属于专属管辖的，同样不能合并审理。

综上所述，我国的法院体系与管辖制度并不复杂，从更好地保护第三人合法民事权益以及促进纠纷一次性解决、降低诉讼成本等多重目标出发，结合具体审理程序的设计，在部分案件中合并审理当事人的诉讼请求应当是第三人撤销之诉的题中之义。当然，确定告知另行起诉以及合并审理适用的案件范围仍然需要扎实的类型化研究工作予以支撑。

最后，作为第三人撤销之诉的裁判，关于怎样理解撤销和"改变"原生效法律文书以及两者之间关系等问题，应当与上述合并审理的情形结合起来加以考虑。仅仅是将原生效法律文书全部予以撤销的裁判比较简单，可以忽略不论。对于"改变"的裁判及其与撤销的关系，可设想两种情形。一种情形是法院只撤销原生效法律文书的部分内容，相当于在原审范围内"部分撤销＝部分改变"。例如，对离婚判决中有关财产分割的部分予以撤销，确认其仍为共有财产，或者根据审理情况予以改变。另一种情形则为法院在合并审理形成之诉和给付之诉（或确认之诉）的前提下，在判决主文中先撤销原生效法律文书，再对各方当事人的权利义务关系作出重新安排，即"全部改变"或"撤销＋改变"原来的法律文书内容。后一种情形虽然可能很少出现，但笔者认为只要承认第三人撤销之诉可以合并审理，就应允许法院把这种情形作为裁判的选项之一。

六、法律效果

1.诉讼效果

第三人撤销之诉程序的启动当然具有诉讼系属、禁止二重起诉与诉讼时效中断等诉讼法律效果，此外，还需要讨论的就是提起第三人撤销之诉与原生效裁判执行力之间的关系。

法国的法官对于是否需要中止执行享有自由裁量权；在我国台湾地区，一方面法院认为存在必要情形可以在诉之声明范围内对第三人不利部分裁定停止原判决的执行，另一方面也可以依据当事人申请并要求其提供担保作出停止执行裁定。[①] 从比较法和我国司法实践出发，当事人提起第三人撤销之诉原则上不具有中止执行的效力，但出于保护第三人合法权益以及防止强制执行造成不可挽回结果的考虑，在适当情形下应当裁量中止执行。

按照《民事诉讼法》第 206 条的规定，当事人申请再审并不停止判决、裁定的执行。不过依据该法第 263 条的规定，人民法院认为存在中止执行的“其他情形”，应当裁定中止执行。但根据 1998 年《最高人民法院关于人民法院执行工作若干问题的规定（试行）》第 102 条的解释，这里的“其他情形”主要包括被执行人被申请破产等五种情形，其中第三种情形“执行的标的物是其他法院或仲裁机构正在审理的案件争议标的物，需要等待该案件审理完毕确定权属的”应该可以作为法院中止执行第三人撤销之诉所涉及原生效裁判的依据。

再者，依据《民事诉讼法》第 234 条的规定，在执行过程中，案外人可以书面形式对执行标的提出异议，理由成立的，法院应当裁定中止执行；理由不成立的，裁定驳回。但这里又涉及第三人撤销之诉与案外人执行异议以及案外人申请再审程序的关系问题。立足于现行的民事诉讼法典体系和结构，一个较为合理且现实的选择是将当事人提起第三人撤销之诉并获得法院立案作为其书面申请执行异议的理由；执行法院据此可以裁定中止执行。《民诉法解释》第 297 条即采取了这种中止执行的进路。

可能会成为更复杂的问题是：如果原诉讼当事人就中止执行裁定

---

① 参见《法国新民事诉讼法典》第 590 条；我国台湾地区“民事诉讼法”第 507 条之 3，台湾地区高等法院高雄分院 2012 年度声字第 4 号裁定。

申请启动审判监督程序或提出“许可执行之诉”[①]应当如何处理？在当事人对中止执行裁定不服且认为原生效裁判存在错误的情形，提出再审申请，受案法院应当视情形将当事人提出再审申请与第三人撤销之诉合并处理。[②] 因为当事人与案外第三人均认为原生效裁判存在错误，虽然诉讼请求和理由不尽相同，但法院进行合并审理比较容易查清事实并作统合处理。若当事人认为原审裁判并无错误，对中止执行裁定向法院提起“许可执行之诉”，则法院应当正常进行审理，必要时可以在审理第三人撤销之诉案件后再作出裁判。在司法实践中，不排除发生原诉讼一方当事人与第三人串通、唆使其恶意提起第三人撤销之诉拖延诉讼的情况，因此，保留“许可执行之诉”这一平衡机制也十分有必要。

2.实体效果：绝对效力原则

所谓判决的绝对效力原则，也称“对世效”，与判决效力相对性原则相对应，是指判决效力作用于当事人以外的第三人。《民事诉讼法》同样并未就第三人撤销之诉裁判所产生的实体效果进行规定，但根据该法第 59 条第 3 款的表述，第三人必须证明发生法律效力的判决、裁定或调解书的部分或全部内容错误，法院才能改变或者撤销原生效裁判。仅从法条内容和我国民事诉讼的基本原则出发，不难推断出第三人撤销之诉裁判的实体效果必然会坚持绝对效力原则。

由于诉讼模式和民事诉讼理念上的差异，法国予以贯彻实施的第三人撤销之诉判决效力相对性原则在我国完全不存在被采纳的制度空

---

① 学界对我国《民事诉讼法》第 234 条所规定的是否为“许可执行之诉”尚存在争议，在此笔者仅是用这一术语来代指当事人不服法院作出的中止执行裁定，向法院提起与原判决、裁定无关的诉讼。

② 视不同情形，可以考虑终结第三人撤销之诉程序，将其并入审判监督程序，并按照对应一审、二审程序处理，其中按照第二审程序审理的，应当予以调解，调解不成再发回重审；同理，亦可以终结再审审查，继续第三人撤销之诉的审理。参见《民诉法解释》第 299 条和第 300 条。

间。而且判决效力相对性原则亦存在例外和争议。《法国新民事诉讼法典》第 591 条第 2 款规定了判决效力相对性原则的例外——不可分性(indivisibilité)判决。法国最高司法法院 1960 年的判决将“不可分性”解释为“不可能同时执行两项判决”。随后,最高司法法院在 1970 年、1988 年、2003 年所作出的一系列判决都进一步确认在涉及所有权绝对性、租约的不可分性、相互矛盾的合同履行等案件中,第三人撤销之诉的裁判例外地具有对所有当事人的绝对效力。[①] 陈荣宗教授对于第三人撤销之诉采取的“判决相对效力原则”提出的疑问在于如果原告胜诉,则“证实原确定判决错误,第三人撤销诉讼之判决始合客观正确之判决,于法律正义之价值言之,当无继续使错误不正确之原确定判决存在之理。否则,既判力扩张应统一于第三人之必要现象势必被破坏,变成前后两判决之矛盾现象,相同诉讼标的之法律关系或权利义务,竟成完全不同之两个判决结果。此为法律之正义与学者之理性所无法接受”[②]。一般而言,判决效力相对性仍然是法国和我国台湾地区第三人撤销之诉实体法律效果的一项基本原则。

来自司法实务界的观点认为,法院作出的第三人撤销之诉判决撤销了原生效裁判的,则原生效裁判在原当事人之间也同时失去效力。原生效裁判未执行的,应当终止执行;已经执行的,根据第三人的请求,可以执行回转。如果法院作出的撤销判决是部分撤销原生效裁判内容的,则被撤销部分对原诉讼当事人没有法律效力,未被改变部分对原当事人仍然有效。[③] 有学者也持绝对效力的观点,认为法院作出的撤销

① 《法国新民事诉讼法典》(上册),罗结珍译,法律出版社 2008 年版,第 645～646 页。

② 陈荣宗等:《第三人撤销诉讼之原告与当事人适格》,载《民事诉讼法之研讨(十三)》,台湾三民书局 2006 年版,第 88～89 页。陈荣宗教授实际上是在质疑既判力相对性原则存在的必要性,在我国台湾地区学界尚未见到有支持其观点的论述。

③ 吴兆祥、沈莉:《民事诉讼法修改后的第三人撤销之诉与诉讼代理制度》,载《人民司法》2012 年第 23 期。

判决效力及于包括原诉讼当事人在内的全部主体。[①]

笔者原则上也赞同坚持判决效力绝对性原则的观点，因为这是现行民事诉讼制度体系下的唯一选择，甚至不存在任何可以讨论的余地。但撤销判决的效力与判决的内容息息相关，具体的每一个撤销判决的效力范围如何必须结合当事人的诉讼请求和法院的审理范围而定。

第一种情形最为简单和典型，即法院作出判决或裁定，撤销某项发生法律效力的判决、裁定或调解书的全部内容。比如某项案件的诉讼标的和案件事实全部为虚构，但尚未对第三人造成损害即被其提起第三人撤销之诉要求全部撤销。此时，法院作出的判决效力无疑是及于包括原诉讼当事人在内的全部程序主体的。

第二种情形是法院仅撤销生效裁判的部分内容。在此情形下，无异议的是判决撤销部分内容的效力同样及于包括原诉讼当事人在内的全部程序主体；未被撤销的部分则要视情形而定。假使某项生效判决主文有三项内容，而第三人撤销之诉的原告在起诉时只要求撤销第一项和第二项而并未要求撤销第三项，法院审理后支持了原告的请求只撤销了第一项和第二项主文内容，此时，原审判决的第三项内容在原当事人之间还保留其法律效力。如果第三项判决主文含有对世效的内容，则对其他人（包括第三人撤销之诉的原告）也保留其效力。若法院审理后仅判决撤销第一项判决主文内容并驳回原告要求撤销第二项判决主文的请求，则原审判决的第二项内容在原当事人和第三人之间均保留其法律效力。若法院在审理过程中发现第三项判决主文内容有误并作出判决将其撤销，那么撤销第三项判决的效力同样及于所有程序主体。

第三种情形即涉及合并审理和改判的问题。在此情形下，法院既可能全部撤销生效裁判的内容然后改判，也可能部分撤销生效裁判的内容并作出改判。但在判决效力的范围上，第三种情形只需遵循前两种情况的处理原则即可。

---

① 许可：《论第三人撤销诉讼制度》，载《当代法学》2013 年第 1 期。

第三人撤销之诉的程序建构并不是一项简单的“司法技术”，只有遵循立法者所设定的规范性目的并契合基本程序法理的程序建构才可能使第三人撤销之诉的司法适用流畅无误，进而融入整个民事诉讼制度体系。站在解释论的立场上，只有管辖制度、审理及救济程序、诉的合并和裁判以及法律效果等方面这些看似并不涉及深奥民事诉讼理论的内容作精密设计和恰当安排才有可能最大限度地实现制度预设功能，从而在保护案外人合法民事权益与维护生效裁判稳定性之间取得平衡。

参考文献

一、中文著作类

1.全国人大常委会法制工作委员会民法室编:《〈中华人民共和国民事诉讼法〉条文说明、立法理由及相关规定》,北京大学出版社 2012 年修订版。

2.最高人民法院民事审判一庭主编:《〈中华人民共和国民事诉讼法〉修改条文理解与适用》,人民法院出版社 2012 年版。

3.最高人民法院民事审判一庭编:《民事诉讼证据司法解释的理解与适用》,中国法制出版社 2002 年版。

4.最高人民法院民事审判第一庭编:《最高人民法院新民事证据规定理解与适用(上)》,人民法院出版社 2019 年版。

5.全国人大常委会法制工作委员会民法室编:《民事诉讼法立法背景与观点全集》,法律出版社 2012 年版。

6.姚瑞光:《近年修正民事诉讼法总评》,中国政法大学出版社 2011 年版。

7.姚瑞光:《民事诉讼法论》,中国政法大学出版社 2011 年版。

8.黄国昌:《民事诉讼理论之新开展》,北京大学出版社 2008 年版。

9.中国民事诉讼法学研究会编:《中国民事诉讼法学研究会 2013 年年会论文集(上册)》,2013 年自印版。

10.张卫平:《民事诉讼法》,法律出版社 2013 年版。

11.渠涛:《最新日本民法》,法律出版社 2006 年版。

12.江伟主编:《中国民事诉讼法专论》,中国政法大学出版社 1998 年版。

13.江伟主编:《民事诉讼法》,中国人民大学出版社 2018 年第 8 版。

14.柴发邦主编:《民事诉讼法学》,法律出版社 1987 年版。

15.蒲一苇:《民事诉讼第三人制度研究》,厦门大学出版社 2009 年版。

16.江必新:《民事诉讼新制度讲义》,法律出版社 2013 年版。

17.江伟:《〈中华人民共和国民事诉讼法〉修改建议稿(第三稿)及立法理由》,人民法院出版社 2005 年版。

18.杨荣馨:《〈中华人民共和国民事诉讼法〉(专家建议稿)立法理由与立法意义》,清华大学出版社 2012 年版。

19.陈旻、李馨:《执行异议之诉案件裁判思路与操作——法官审案指南系列》,中国法制出版社 2012 年版。

20.王亚新:《对抗与判定——日本民事诉讼的基本结构》,清华大学出版社 2002 年版。

21.江伟:《民事诉讼法专论》,中国人民大学出版社 2005 年版。

22.杨仁寿:《法学方法论》,中国政法大学出版社 1999 年版。

23.江伟主编:《民事诉讼法》,高等教育出版社 2007 年第 3 版。

24.黄国昌:《民事诉讼理论之新开展》,北京大学出版社 2008 年版。

25 韩世远:《合同法总论》,法律出版社 2018 年第 4 版。

26.王家福主编:《中国民法学·民法债权》,法律出版社 1991 年版。

27.崔建远:《合同法》,北京大学出版社 2014 年第 3 版。

28.程啸、尹飞、常鹏翱:《不动产登记暂行条例及其实施细则的理解与适用》,法律出版社 2017 年第 2 版。

29.杨建华:《民事诉讼法要论》,北京大学出版社 2013 年版。

30.骆永家:《既判力研究》,台湾三民书局 1999 年版。

31.陈荣宗、林庆苗:《民事诉讼法(中)》,台湾三民书局 2011 年修订第 7 版。

32.王甲乙等:《民事诉讼法新论》,台湾三民书局1999年版。

33.民事诉讼法研究基金会编:《民事诉讼法之研讨(十三)》,台湾三民书局2006年版。

34.民事诉讼法研究基金会编:《民事诉讼法之研讨(十七)》,台湾元照出版公司2010年版。

35.邱联恭:《程序制度机能论》,台湾三民书局1996年版。

36.邱联恭:《程序选择权论》,台湾三民书局2000年版。

37.邱联恭:《口述民事诉讼法讲义(三)》,2012年自印版。

38.许士宦:《诉讼参与与判决效力》,台湾新学林出版社2010年。

39.刘明生:《民事诉讼之程序法理与确定判决之效力及救济》,台湾新学林出版股份有限公司2016年版。

40.许士宦编:《民事诉讼法》,台湾新学林出版社2011年版。

41.黄茂荣:《法学方法与现代民法》,台湾建诚印刷有限公司2011年增订六版。

42.姜世明:《民事诉讼法(下册)》,新学林出版股份有限公司2014年修订二版。

二、外文译著类

1.[法]艾涅斯特・格拉松:《法国民事诉讼程序的起源》,巢志雄译,北京大学出版社2013年版。

2.[法]让・文森,塞尔日・金沙尔:《法国民事诉讼法要义(上、下册)》,罗结珍译,中国法制出版社2001年版。

3.《法国民法典》,罗结珍译,北京大学出版社2010年版。

4.《法国新民事诉讼法典》(上下册),罗结珍译,法律出版社2008年版。

5.[德] 卡尔・拉伦茨:《法学方法论》,陈爱娥译,商务印书馆2005年版。

6.[美]约翰・亨利・梅里曼:《大陆法系》(第二版),顾培东、禄正平译,法律出版社2004年版。

7.[日]高桥宏志:《民事诉讼法:制度与理论的深层次分析》,林剑锋译,法律出版社2003年版。

8.[法]洛伊克·卡迪耶主编:《法国民事司法法》,杨艺宁译,陆建平审校,中国政法大学出版社2010年版。

9.[日]松本博之:《日本人事诉讼法》,郭美松译,厦门大学出版社2012年版。

10.[日]新堂幸司:《新民事诉讼法》,林剑锋译,法律出版社2008年版。

11.[德]罗森贝克等:《德国民事诉讼法》,李大雪译,中国法制出版社2007年版。

12.[英]阿德里安·A.S.朱克曼:《危机中的民事司法:民事诉讼程序的比较视角》,中国政法大学出版社2005年版。

13. [德]汉斯-约阿希姆·穆泽拉克:《德国民事诉讼法基础教程》,周翠译,中国政法大学出版社2005年版。

14.[法]洛伊克·卡迪耶:《法国民事司法法》,杨艺宁译,陆建平审校,中国政法大学出版社2010年版。

15.[德]魏德士:《法理学》,丁晓春、吴越译,法律出版社2013年版。

16.[日]棚濑孝雄:《纠纷的解决与审判制度》,王亚新译,中国政法大学出版社2004年版。

17.[日]高桥宏志:《重点讲义民事诉讼法》,张卫平、许可译,法律出版社2007年版。

三、中文论文类

1.陈刚:《第三人撤销判决诉讼的适用范围——兼论虚假诉讼的责任追究途径》,载《人民法院报》2012年10月31日第7版。

2.张卫平:《第三人撤销判决制度的分析与评估》,载《比较法研究》2012年第5期。

3.王亚新:《第三人撤销之诉的解释适用》,载《人民法院报》2012年9月26日第7版。

4.刘君博:《第三人撤销之诉原告适格问题研究——现行规范真的无法适用吗?》,载《中外法学》2014年第1期。

5.吴泽勇:《第三人撤销之诉的原告适格》,载《法学研究》2014年第3期。

6.王亚新:《第三人撤销之诉原告适格的再考察》,载《法学研究》2014年第6期。

7.廖永安、陈逸飞:《意大利民事诉讼第三人裁判异议之诉初探——兼述对完善我国第三人撤销之诉制度的启示》,载《现代法学》2018年第6期。

8.姜世明:《概介法国第三人撤销诉讼》,载《台湾本土法学杂志》2005年总79(11)期。

9.巢志雄:《法国第三人撤销之诉研究——兼与我国新〈民事诉讼法〉第56条第3款比较》,载《现代法学》2013年第3期。

10.邱联恭:《"程序主体"概念相对化理论值形成及今后——基于民事诉讼法修正意旨及其前导法理之阐释(上)》,载《月旦法学杂志》2012年总200(1)期。

11.姜世明、李其融:《第三人撤销诉讼之适用范围在实务上之发展》,载《台湾法学杂志》2007年总第199(5)期。

12.李浩:《民事证明责任本质的再认识——以〈民事诉讼法〉第112条为分析对象》,载《法律科学》2018年第4期。

13.邱联恭:《第三人撤销诉讼之运用方针(下)》,载《司法周刊》2003年总第1147期。

14.吕太郎:《第三人撤销之诉——所谓有法律上利害关系之第三人》,载《月旦法学杂志》2003年总第99(8)期。

15.张明楷:《虚假诉讼罪的基本问题》,载《法学》2017年第1期。

16.王约然、纪格非:《虚假诉讼程序阻却论》,载《甘肃政法学院学报》2018年第2期。

17.熊跃敏、梁喆旎:《虚假诉讼的识别与规制——以裁判文书为中心的考察》,载《国家检察官学院学报》2018年第3期。

18.胡军辉:《案外第三人撤销之诉的程序建构——以法国和我国台湾地区的经验为参照》,载《政治与法律》2009年第1期。

19.胡军辉、廖永安:《论案外第三人撤销之诉》,载《政治与法律》2007年第5期。

20.肖建华、杨兵:《论第三人撤销之诉——兼论民事诉讼再审制度的改造》,载《云南大学学报(法学版)》2006年第4期。

21.张志瀚:《第三人撤销之诉制度初探》,载《厦门大学法律评论》2007年第13辑。

22.肖建国:《论案外人申请再审的制度价值与程序设计》,载《法学杂志》2009年第9期。

23.卢正敏:《论案外人申请再审制度中的适格案外人》,载《厦门大学学报(哲学社会科学版)》2012年第1期。

24.华双根:《案外人申请再审主体资格问题探析》,载《人民法院报》2009年9月18日第6版。

25.易新华:《案外人申请再审中几个问题的解决》,载《人民法院报》2010年9月1日第8版。

26.张妮:《案外人申请再审的冷思考》,载《河北法学》2011年第11期。

27.王学棉:《论案外人撤销之诉》,载《法学杂志》2011年第9期。

28.董露、董少谋:《第三人撤销之诉探究》,载《西安财经学院学报》2012年第6期。

29.张卫平:《中国第三人撤销之诉的制度构成与适用》,载《中外法学》2013年第1期。

30.吴泽勇:《民事诉讼法理背景下的虚假诉讼规制——以〈民事诉讼法〉第112条的适用为中心》,载《交大法学》2017年第2期。

31.许可:《论第三人撤销诉讼制度》,载《当代法学》2013年第1期。

32.吴兆祥、沈莉:《民事诉讼法修改后的第三人撤销之诉与诉讼代理制度》,载《人民司法》2012 年第 23 期。

33.高民智:《关于案外人撤销之诉制度的理解与适用》,载《人民法院报》2012 年 12 月 11 日第 4 版。

34.刘君博:《第三人撤销之诉原告适格问题研究——现行规范真的无法适用吗?》,载《中外法学》2014 年第 1 期。

35.刘君博:《第三人撤销之诉的程序建构》,载《法学》2014 年第 12 期。

36.刘君博:《第三人撤销之诉撤销对象研究——以《〈民事诉讼法〉解释》第 296、297 条为中心》,载《北方法学》2016 年第 3 期。

37.张兴美:《第三人撤销之诉原告适格问题研究》,载《法学杂志》2016 年第 6 期。

38.张兴美:《第三人撤销之诉制度的"使命"探究》,载《法学家》2018 年第 4 期。

39.刘东:《回归法律文本:第三人撤销之诉原告适格再解释》,载《中外法学》2017 年第 5 期。

40.刘东:《再审吸收第三人撤销之诉的程序规则研究——以《民诉法解释》第 301、302 条为中心》,载《法学家》2020 年第 2 期。

41.李浩:《第三人撤销之诉抑或审判监督程序——受害债权人救济方式的反思与重构》,载《现代法学》2020 年第 5 期。

42.许少波:《第三人撤销之诉与申请再审的选择》,载《河南大学学报(社会科学版)》2015 年第 1 期。

43.胡军辉:《论第三人撤销之诉与周边程序的协调》,载《政治与法律》2015 年第 8 期。

44.崔玲玲:《第三人撤销之诉的外部运行环境优化分析》,载《法律科学》2017 年第 6 期。

45.周克文:《厘清第三人撤销之诉与案外人申请再审的关系》,载《法律适用》2020 年第 9 期。

46.郑金玉:《我国第三人撤销之诉的实践运行研究》,载《中国法学》2015 年第 6 期。

47.罗恬漩:《论虚假诉讼受害人的救济:兼探讨第三人撤销之诉适用》,载《交大法学》2017 年第 2 期。

48.熊跃敏、梁喆旎:《虚假诉讼的识别与规制——以裁判文书为中心的考察》,载《国家检察官学院学报》2018 年第 3 期。

49.刘君博:《论虚假诉讼的规范性质与程序架构》,载《当代法学》2019 年第 4 期。

50.田海鑫:《民事虚假诉讼的裁判效力及救济路径》,载《东南学术》2020 年第 5 期。

51.朴顺善、张哲浩:《第三人撤销仲裁裁决制度研究》,载《学术交流》2020 年第 6 期。

52.傅贤国:《论案外第三人撤销诉讼案件范围的扩大》,载《理论导刊》2019 年第 5 期。

53.严仁群:《不受判决拘束者之事后救济》,载《法学家》2015 年第 1 期。

54.廖浩:《第三人撤销诉讼实益研究——以判决效力主观范围为视角》,载《华东政法大学学报》2017 年第 1 期。

55.胡军辉,廖永安:《论案外第三人撤销之诉》,载《政治与法律》2007 年第 5 期。

56.陈健:《对没有诉的利益的起诉应予驳回》,载《人民法院报》2017 年 1 月 11 日第 7 版。

57.王福华:《第三人撤销之诉适用研究》,载《清华法学》2013 年第 4 期。

58.王忠:《再审利益法律程序之保护》,《人民司法》2009 年第 24 期。

59.杨卫国:《第三人撤销之诉性质的重识》,载《东方法学》2015 年第 5 期。

60.刘君博:《台湾地区第三人撤销之诉评述》,载《台湾研究集刊》2017 年第 4 期。

61.李浩:《〈证据规定〉与民事证据规则的修订》,载《中国法学》2011 年第 3 期。

62.占善刚,刘显鹏:《试论我国民事诉讼中免证事实之应有范围及其适用》,《法学评论》2004 年第 4 期。

63.邱联恭:《"程序主体"概念相对化理论值形成及今后——基于民事诉讼法修正意旨及其前导法理之阐释(上)》,载《月旦法学杂志》2012 年总第 200 期。

64.邱联恭:《第三人撤销诉讼之运用方针(上)》,载《司法周刊》2003 年总第 1146 期。

65.郑金玉:《我国第三人撤销之诉的实践运行研究》,载《中国法学》2015 年第 6 期。

66.林胜超等:《单方侵害型虚假诉讼案的司法认定》,载《中国检察官》2017 年第 3 期(下)。

67.肖建华:《主参加诉讼的诈害防止功能》,载《法学杂志》2000 年第 5 期。

68.陈彬:《对无独立请求权的第三人参加诉讼若干问题的探讨》,载《法律科学》1989 年第 4 期。

69.张卫平:《"第三人":类型划分及展开》,载张卫平主编:《民事程序法研究》(第一辑),中国法制出版社 2004 年版。

70.肖建华:《论我国无独立请求权第三人制度的重构》,载《政法论坛》2000 年第 1 期。

71.吴泽勇:《民事诉讼法理背景下的虚假诉讼规制——以〈民事诉讼法〉第 112 条的适用为中心》,《交大法学》2017 年第 2 期。

72.张卫平:《重复诉讼规制研究:兼论"一事不再理"》,载《中国法学》2015 年第 2 期

73.王亚新、陈晓彤:《前诉裁判对后诉的影响——〈民诉法解释〉第 93 条和第 247 条解析》,载《华东政法大学学报》2015 年第 6 期

74.林剑锋:《既判力相对性原则在我国制度化的现状与障碍》,载《现代法学》2016 年第 1 期。

75.夏璇:《论民事重复起诉的识别及规制——对〈关于适用〈中华人民共和国民事诉讼法〉的解释〉第 247 条的解析》,载《法律科学》2016 年第 2 期。

76.陈杭平:《诉讼标的理论的新范式——"相对化"与我国民事审判实务》,载《法学研究》2016 年第 4 期。

77.卜元石:《重复诉讼禁止及其在知识产权民事纠纷中的应用——基本概念解析、重塑与案例群形成》,载《法学研究》2017 年第 3 期。

78.严仁群:《既判力客观范围之新进展》,载《中外法学》2017 年第 2 期。

79.肖建国、黄忠顺:《任意诉讼担当的类型化分析》,载《北京科技大学学报》2009 年第 1 期。

80.陈晓彤:《比较法视角下中国判决效力体系化研究》,中国社会科学出版社 2020 年版,第 313 页。

81.纪格非:《民事诉讼虚假诉讼治理思路的再思考——基于实证视角的分析与研究》,载《交大法学》2017 年第 1 期。

82.廖忠洪:《"恶意诉讼"立法规定与规制的技术及其原理——兼评〈民事诉讼法〉第 112 条规定的合理性》,载《甘肃政法学院学报》2016 年第 2 期。

83.罗恬漩等:《治理虚假诉讼 维护司法权威——虚假纠纷诉讼有效治理高端论坛综述》,载《人民法院报》2016 年 9 月 7 日第 7 版。

84.王猛:《民事诉讼滥诉治理的法理思考》,载《政治与法律》2016 年第 5 期。

85.茅少伟:《论恶意串通》,载《中外法学》2017 年第 1 期。

86.肖建国:《论案外人申请再审的制度价值与程序设计》,载《法学杂志》2009 年第 9 期。

87.华双根:《案外人申请再审主体资格问题探析》,载《人民法院报》2009 年 9 月 18 日第 6 版。

88.易新华:《案外人申请再审中几个问题的解决》,载《人民法院报》2010 年 9 月 1 日第 8 版。

89.吴泽勇:《第三人撤销之诉的原告适格》,载《法学研究》2014 年第 3 期。

90.孙茜:《案外人申请再审制度的完善》,载《法律适用》2012 年第 6 期。

91.吴英姿:《诉讼标的理论"内卷化"批判》,载《中国法学》2011 年第 2 期。

92.韩世远:《虚假表示与恶意串通问题研究》,载《法律适用》2017 年第 17 期。

93.肖建华,杨兵:《论第三人撤销之诉——兼论民事诉讼再审制度的改造》,载《云南大学学报(法学版)》2006 年第 4 期。

94.胡军辉,廖永安:《论案外第三人撤销之诉》,载《政治与法律》2007 年第 5 期。

95.吴泽勇:《第三人撤销之诉的原告适格》,载《法学研究》2014 年第 3 期。

96.赵晋山:《赋予案外人提起异议之诉的权利》,载《人民法院报》2007 年 12 月 7 日第 5 版。

97.百晓锋:《论案外人异议之诉的程序构造》,载《清华法学》2010 年第 3 期。

98.刘东:《回归法律文本:第三人撤销之诉原告适格再解释》,载《中外法学》2017 年第 5 期。

99.吴泽勇:《第三人撤销之诉的原告适格》,载《法学研究》2014 年第 3 期。

100.张兴美:《第三人撤销之诉原告适格问题研究》,载《法学杂志》2016 年第 6 期。

101.刘东:《回归法律文本:第三人撤销之诉原告适格再解释》,载《中外法学》2017 年第 5 期。

102.张卫平:《我国民事诉讼第三人制度的结构调整与重塑》,载《当代法学》2020年第4期。

103.熊跃敏、梁喆旎:《虚假诉讼的识别与规制——以裁判文书为中心的考察》,载《国家检察官学院学报》2018年第3期。

104.李浩:《第三人撤销之诉抑或审判监督程序》,载《现代法学》2020年第5期。

105.王毓莹、史智军:《案外人权利救济制度之相关疑难问题辨析——以全国法院第九次民商事审判工作会议纪要为视角》,载《法律适用》2020年第7期。

106.巢志雄:《法国第三人撤销之诉研究——兼与我国新〈民事诉讼法〉第56条第3款比较》,载《现代法学》2013年第3期。

107.张兴美:《第三人撤销之诉制度的“使命”探究》,载《法制与社会发展》2018年第4期。

108.王亚新:《第三人撤销之诉原告适格的再考察》,载《法学研究》2014年第6期。

109.张兴美:《第三人撤销之诉原告适格问题研究》,载《法学杂志》2016年第6期。

110.田海鑫:《民事虚假诉讼的裁判效力及救济路径》,载《东南学术》2020年第5期。

111.周克文:《厘清第三人撤销之诉与案外人申请再审的关系》,载《法律适用》2020年第9期。

112.金印:《诉讼与执行对债权人撤销权的影响》,载《法学》2020年第11期。

113.任重:《回归法的立场:第三人撤销之诉的体系思考》,载《中外法学》2016年第1期。

114.韩世远:《债权人撤销权研究》,载《比较法研究》2004年第3期。

115.申卫星:《论债权人撤销权的构成——兼评我国〈合同法〉74条》,载《法制与社会发展》2000年第2期。

116.王轶:《论一物数卖——以物权变动模式的立法选择为背景》,载《清华大学学报(哲学社会科学版)》2002年第4期。

117.韩世远:《债权人撤销权研究》,载《比较法研究》2004年第3期

118.赵钢:《法院确认超诉请范围的调解协议之法理基础》,载《法学评论》2007年第5期。

119.许可:《论第三人撤销诉讼制度》,载《当代法学》2013年第1期。

120.巢志雄:《法国第三人撤销之诉研究——兼与我国新〈民事诉讼法〉第56条第3款比较》,载《现代法学》2013年第3期。

121.王福华:《第三人撤销之诉适用研究》,载《清华法学》2013年第4期。

122.郝振江:《论我国非讼程序的完善——聚焦于民诉法特别程序的"一般规定"》,载《华东政法大学学报》2012年第4期。

123.郝振江:《法国法中的非讼程序及对我国的启示》,载《河南财经政法大学学报》2012年第2期。

124.傅郁林:《繁简分流与程序保障》,载《法学研究》2003年第1期。

125.姜世明、李其融:《第三人撤销诉讼之适用范围在实务上之发展》,载《台湾法学杂志》2012年总第199(5)期。

126.黄国昌:《第三人撤销诉讼之原告适格——评最近出现之二个裁判实例》,载《月旦法学杂志》2006年总第139期。

127.王亚新等:《前诉裁判对后诉的影响——〈民诉法解释〉第93条、第247条解析》,载《华东政法大学学报》2015年第6期。

128.吴兆祥、沈莉:《民事诉讼法修改后的第三人撤销之诉与诉讼代理制度》,载《人民司法》2012年第23期。

129.高民智:《关于案外人撤销之诉制度的理解与适用》,载《人民法院报》2012年12月11日第4版。

130.袁巍、孙付:《第三人撤销之诉的法律适用与程序构建》,载《山东审判》2013年第1期。

131.肖少珍:《第三人撤销之诉法律适用问题初探》,载《人民法院报》2014 年 6 月 25 日第 8 版。

132.董建铁等:《适用第三人撤销之诉的若干思考》,载《人民司法》2014 年第 9 期。

133.王亚新:《民事诉讼法修改中的程序分化》,载《中国法学》2011 年第 4 期。

134.傅郁林:《分界·分层·分流·分类——我国民事诉讼制度转型的基本思路》,载《江苏行政学院学报》2007 年第 1 期。

135.李文革:《虚假诉讼的裁判方式:新修订的〈民事诉讼法〉第 112 条评析——以域外经验为借鉴》,载《政治与法律》2013 年第 10 期。

136.巢志雄:《法国第三人撤销之诉研究——兼与我国新〈民事诉讼法〉第 56 条第 3 款比较》,载《现代法学》2013 年第 3 期。

137.张卫平:《第三人撤销判决制度的分析与评估》,载《比较法研究》2013 年第 5 期。

138.王亚新:《第三人撤销之诉原告适格的再考察》,载《法学研究》2014 年第 6 期。

139.林劲标、凌蔚、卢柱平:《第三人撤销之诉猛增——纠错需要还是滥用诉权》,载《人民法院报》2013 年 12 月 23 日第 6 版。

140.许可:《论第三人撤销诉讼制度》,载《当代法学》2013 年第 1 期。

141.张卫平:《既判力相对性原则——根据、例外与制度化》,载《法学研究》2015 年第 1 期。

142.杨卫国:《案外第三人撤销之诉研究》,海南大学 2015 年博士学位论文。

143.李亦庭:《反射效之研究——自诉讼法及实体法兼顾观点》,台湾大学法律学院 2010 年硕士学位论文。

144.张妮:《第三人撤销之诉研究》,西南政法大学 2012 年博士学位论文。

四、司法案例类

1.台湾地区“最高法院”1972 年台再字第 186 号判例。

2.台湾地区台北地方法院 2012 年度撤字第 1 号判决。

3.台湾地区高等法院高雄分院 2012 年度声字第 4 号裁定。

4.佛山市中级人民法院(2004)佛中法民四初字第 133 号民事裁定书。

5.石狮市人民法院(2014)狮民初字第 421 号民事判决书。

6.广东省高级人民法院(2004)粤高法刑二终字第 24 号刑事裁定书。

7.连云港市中级人民法院(2014)连商再终字第 00017 号民事判决书。

8.嵊州市人民法院(2015)绍嵊民再字第 3 号民事判决书。

9.瑞安市人民法院(2013)温瑞陶商初字第 41 号民事判决书

10.广州市花都区人民法院(2013)穗花法山民初字第 548 号民事判决书。

11.峨眉山市人民法院(2017)川 1181 民初 1401 号民事判决书。

12.东莞市第一人民法院(2015)东一法南民一初字第 1576 号民事判决书。

13.海安县人民法院(2012)安开民初字第 0644 号民事判决书。

五、新闻报道类

1.《日本修改法律允许私生子和嫡出子享有相同权利》,载人民网 http://japan.people.com.cn/n/2013/1206/c35467-23769549.html.

2.《3 年检察监督虚假诉讼 6829 件》,载《法制日报》2016 年 2 月 3 日第 3 版。

六、英文文献类

1. Mauro Cappelletti, Joseph M. Perillo. *Civil Procedure In Italy* ,Hague:Martinus Nijhoff,1965,pp.293-296.

2. StavrosBrekoulakis, The Relevance of the Interests of Third Parties in Arbitration: Taking a Closer Look at the Elephant in the Room, *Penn State Law Review*, 2009, Vol.113, pp.1168-1170.

后　记

2011 年，笔者通过博士入学考试，得以继续跟随王亚新老师攻读博士学位。当时，亚新老师本希望我能够延续硕士阶段对法院附设 ADR 的研究，确定博士论文的选题。而笔者自己虽未确立从事学术工作的志向，却还是想选择看似更为“主流”的民事诉讼基础理论相关主题作为研究方向。2012 年，《民事诉讼法》迎来了一次小范围的全面修正，其中，第三人撤销之诉的“突然”引入引起了学界的广泛热议。笔者恰在台大访学，一方面对台湾地区 2003 年以来历次“民事诉讼法”修订的相关“立法”资料，尤其是对其引入第三人撤销之诉所引发的正反论争、实务案例进行详尽收集和整理；另一方面，则是与王亚新老师、许世宦老师反复讨论以第三人撤销之诉作为博士论文研究选题的可行性。作为博士论文的选题，第三人撤销之诉的“缺陷”非常明显，既过于偏向制度解释进而理论性不足，又缺少足够展开教义学分析的案例资料。不过，劣势往往也是优势，第三人撤销之诉制度本身联结了实体与程序、主体与客体以及诉前程序保障与事后救济途径，因而是一个延展性极佳的题目，同时，《民事诉讼法》修正后各地法院很快受理了各种类型第三人撤销之诉案件，也进一步充实了研究所需的一手资料。

在学界多位前辈师长的指导和帮助下，笔者顺利地完成了博士学位论文的撰写并通过答辩，其中，部分章节有幸在《中外法学》《法学》《当代法学》《北方法学》《台湾研究集刊》等学术期刊上发表。2017 年前后，笔者自觉对第三人撤销之诉与裁判效力相对性等核心理论议题的思考尚未完全成熟，于是决定暂时搁置这一议题，转向对临时性救济程序的研究。在这五年左右的时间里，笔者仍然持续关注第三人撤销之诉司法适用研究的发展变化。张兴美、刘东等同辈学人进一步从解释论的视角推进了第三人撤销之诉规范分析、厘清了与其他相关救济程序的边界;在司法实务领域,第三人撤销之诉和案外人异议之诉共同成为最高人民法院、高级人民法院适用最为频繁的审判程序之一。2021 年,最高人民法院发布的第 27 批指导性案例中有 6 个案例均为第三人撤销之诉司法适用的指导性案例。第三人撤销之诉乃至裁判效力理论在协调、统一私法秩序方面的价值日益凸显,远非旧有的程序保障学说所能覆盖。以此为背景,本书既是对已有第三人撤销之诉研究的系统整理,回答了学界长期以来争议的理论问题,更是对其学术延展性的回应。笔者希望能够以此为起点,继续开展对裁判效力视角下复杂诉讼形态的探索性研究。

本书的出版非常感谢厦门大学出版社甘世恒、郑晓曦两位编辑的细致工作与诚意推荐。这本小书对中国民事诉讼法学的教义化演进可谓功薄蝉翼,希望不至于让一直关心我的师友过于失望!

刘君博